Franz Scheichl

Leopold 1. und die österreichische Politik

Während des Devolutionskrieges 1667/68

Franz Scheichl

Leopold 1. und die österreichische Politik
Während des Devolutionskrieges 1667/68

ISBN/EAN: 9783743686397

Hergestellt in Europa, USA, Kanada, Australien, Japan

Cover: Foto ©Suzi / pixelio.de

Weitere Bücher finden Sie auf **www.hansebooks.com**

Leopold I.

und die

österreichische Politik

während des Devolutionskrieges

1667/68.

Von

Dr. Franz Scheichl.

Leipzig

Verlag von Otto Wigand.

1888.

Vorwort.

Vorliegende Arbeit enthält den Versuch einer zusammenfassenden Darstellung der zerfahrenen Schaukelpolitik Leopold I. während des Devolutionskrieges.

Das bei M i g n e t , Klopp, Droysen, Wolf u. a. A. gebotene einschlägige Material wurde durch Akten aus dem k. k. Haus=, Hof= und Staatsarchiv in Wien ergänzt. Zur Beurtheilung der Sach= lage waren vor allem die Gesandtschaftsberichte aus Paris und Berlin von Wichtigkeit.

Für die Liberalität, mit welcher Se. Excellenz A. Ritter von Arneth dem Verfasser die Benützung des k. k. Staatsarchivs ge= stattete, wird hiermit der wärmste Dank ausgesprochen.

Linz a/D., im März 1887.

Franz Scheichl.

Inhalt.

Leopold I. und die österreichische Politik

während des

Devolutionskrieges 1667/68.

Einleitung.

Im Jahre 1667 verſuchte ſich Ludwig XIV. zum erſten Male als Eroberer. Mit dem Ueberfall der ſpaniſchen Niederlande begann jene Reihenfolge von Kriegen, die ganz Europa ein halbes Jahrhundert lang in Athem erhielten und die erſt durch die Friedens= ſchlüſſe zu Utrecht (1713) und Raſtatt (1714) ein Ende fanden. „Dieſer Schritt", ſagt Ranke[1]), „hat ſich als ein ſolcher erwieſen, von dem eine neue Epoche der Weltgeſchichte datirt werden darf." Der Friede zu Aachen (1668) zeigte Ludwig XIV., daß es genügte, ſtark zu ſein, um die unbegründetſten Anſprüche zur Geltung zu bringen[2]).

Dabei verdankte Ludwig ſeine Erfolge eben ſo ſehr ſeiner eigenen Stärke als der Unentſchloſſenheit der anderen Mächte[3]).

Dieſe moraliſche Mitſchuld an Frankreichs Erfolgen trifft in erſter Linie die damalige kaiſerliche Politik.

Unſäglich viel Unheil wäre Weſteuropa erſpart geblieben, wenn der Kaiſer Leopold I. den Muth gefunden hätte, dem Gewaltigen an der Seine zur rechten Zeit entſchloſſen in den erhobenen Arm zu fallen. An Beiſtand von vielen Seiten gegen die franzöſiſchen Vergewaltigungen hätte es dann nicht gefehlt. Man erwartete nur ein entſchloſſenes Wort von Wien her. So aber kam, bei der Nichtachtung aller beſtehenden Verträge, Weſteuropa beinahe in Gefahr, ſowie Oſteuropa von Paſchas regiert zu werden[4]).

Die Haltung der öſterreichiſchen Politik im Jahre 1667 und 1668 gegen Frankreich zeigt von einer beiſpielloſen Schwäche. Man ging faſt alle Höfe Europas um Hilfe an und rührte ſelbſt keinen Finger für die ſpaniſche Seitenlinie.

. Keine Energie, keine Consequenz: das die Gesammtsignatur der damaligen kaiserlichen Politik. — Trotz einzelner Entschuldigungs= gründe, die etwa aus der allgemeinen politischen Lage zu Gunsten des Kaisers und seiner Räthe angeführt werden könnten, ist doch an und für sich die Halbheit und Unentschlossenheit, welche der damaligen österreichischen Politik das Gepräge gab, fast unbegreiflich. Erst wenn man der Reihe nach die ausschlaggebenden Persönlich= keiten in der Wiener Hofburg gemustert und die traurigen Finanz= verhältnisse des habsburgischen Reiches kennen gelernt hat, er= scheint einem auch das Unverständliche verständlich. Daher soll auch von diesem Gesichtspunkte aus die Darstellung beginnen.

1) Französische Geschichte III, S. 314.

2) Flassan, Histoire générale et raisonnée de la diplomatie française, et de la politique de la France etc. Paris 1811, III. 355.

3) Mignet (II. 322), Négociations relatives à la succession d'Espagne sous Louis XIV. Paris 1835.

4) Appel de l'Angleterre etc. Contenant une parfaite image des fausses démarches de la France etc. Amsterdam 1673. Rührt wahrscheinlich von Lisola her. — Der Hauptinhalt dieser Flugschrift angegeben bei Heinlein: „Einige Flugschriften aus den Jahren 1667—1678, betreffend den zweiten Raubkrieg Ludwig XIV." Jahresbericht des Realgymnasiums zu Waidhofen a. b. Thaya. (1877, 1880, 1882.)

1. Kaiser Leopold.

„Kaiser Leopold ist sehr verschieden und meist zu günstig beurtheilt worden" [1]).

Im Folgenden soll nun versucht werden, aus den vorliegenden, sich oft widersprechenden Berichten — soweit sie eben dem Verfasser Dieses bekannt und zugänglich waren — von Leopold als Mensch und Herrscher ein Bild zu entwerfen.

Kaiser Leopold war von kleiner Statur, hager und blaß von Gesicht, das von der stark herabhängenden Habsburgerlippe *) in etwas entstellt wurde [2]).

„Seine Kleidung war mehrentheils nach der spanischen Art gemacht. Insgemein trug er scharlachrothe Strümpfe, eine schwarze oder rothe Feder auf dem Hute und einen großen Orden vom gülbenen Bließ auf seinem Mantel" [3]), [4]).

„Seine Körperbeschaffenheit", meldet Pufendorf, ist zwar nicht ungesund aber auch nicht stark, so daß man insgemein nicht dafür hält, er werde zu einem hohen Alter kommen." (Er wurde gleich= wohl ein Sechziger. — Schon Marino Giorgi sprach 1671 die Hoffnung aus, daß der Kaiser ein hohes Alter erreichen werde, wenn nicht etwa sein angeerbtes Magenübel diese Hoffnung zu nichte mache.) „Er hat auch schon zu wiederholten Malen so harte Anstöße gehabt, daß man fast an seinem Leben verzweifelte. Absonderlich ist er sehr schwach auf den Schenkeln, was sein wanken= der Gang genugsam andeutet" [5]).

---

*) An diese Habsburgerlippe knüpft der Herzog v. Gramont in seinen Mémoiren (Mémoires du maréchal de Gramont, duc et pair de France, Amster= dam 1717. Band II, S. 133—135) einen äußerst hämischen Ausfall, indem er aus der Zeit von Leopolds Frankfurter Aufenthalte eine Anekdote erzählt, welche auch Anastasius Grün in seinem Gedichte „Das rechte Wort" (Veranda) ver= werthet hat.

Der Kaiser war mit einem gesunden Menschenverstande aus=
gerüstet*), der allerdings durch seinen Hang zu Prophezeiungen,
zum Aberglauben und wunderlichen Dingen vielfach getrübt wurde.
Dieser Hang, dem er es auch zu verdanken hatte, daß er oftmals
von Gaunern (Goldmachern) geprellt wurde, lag indessen im Zuge
der Zeit. Viele andere seiner fürstlichen Zeitgenossen huldigten
demselben⁶).

„Er hatte daneben seine natürlichen dotes mit Erlernung
allerhand Wissenschaften und Sprachen kultivirt, wie er denn neben
den mathematischen Künsten lateinisch, italienisch und spanisch voll=
kommen redete und schrieb, auch die alten und neuen Historien
ziemlich durchgelaufen und sich derselben bei Gelegenheit zu be=
dienen wußte"⁷). Auch des Französischen war er mächtig, obwohl
er dieses Idiom selten gebrauchte, insbesondere als die Gegnerschaft
mit Ludwig XIV. mehr und mehr in den Vordergrund trat⁸).

„Der Kaiser bereicherte die Bibliothek zu Wien jährlich be=
trächtlich und besuchte sie selbst sehr oft, wobei er sich dann mit
seinem Bibliothekar unterhielt und nicht blos eine tändelnde Neigung
für wissenschaftliche Dinge überhaupt entwickelte, sondern wirklich
vielseitige Kunde der göttlichen und menschlichen Dinge, geschöpft
aus dem Lesen der besten Schriftsteller"⁹).

„Das Leben des Kaisers verlief regelmäßig wie ein Uhrwerk.
Er pflegte zu einer gewissen Stunde aufzustehen, die Messe zu hören,
Tafel zu halten, spazieren zu fahren, Audienz zu geben, in den ge=
heimen Rath zu gehen und sich zu Bett zu legen, alles ohne ein=
zige Veränderung"¹⁰).

„Seine Leibesübungen sind Reiten und Jagen; er kommt
jedoch in der Regel nur einmal in der Woche dazu. Nur im
Frühjahr und Herbst, wo er 6 Wochen auf das Land geht, setzt
er seine Uebungen fort. Sein Jagdgebiet ist das schönste, be=
quemste, das vielleicht irgend ein Fürst der Welt hat; es ist nahe
bei Wien und enthält Wild für jede Jahreszeit. Der Kaiser ver=
wendet jährlich 60,000 Gulden dafür, aber mehr aus Gewohnheit

---

*) Siehe dagegen Krones, Grundriß der österreichischen Geschichte, S. 584.
„Leopold war ein friedsamer, schwerfälliger, körperlich und geistig schwach
begabter, aber rechtschaffener, zäher und von dynastischer Machthoheit erfüllter
Herrscher."

und um sich Bewegung zu machen, als aus eigentlichem Jagd=
vergnügen. Seine vorzüglichste Neigung ist die Musik. Er hat
Verständniß dafür, componirt selbst ganz gut und genießt sie in
der Kirche, an der Tafel, in der Kammer oft ganze Tage hinburch.
Man sagt, daß er dieses Genusses nie satt wird. Er unterhält
eine Kapelle für Gesang und Instrumentalmusik; auch dafür gibt
er jährlich 60,000 Gulden aus. Seine wenigen freien Stunden
verwendet er zum Componiren. Er macht auch kleine Gedichte in
italienischer Sprache" [11]).

„Neben der Musik pflegte der Kaiser sich zuweilen die Zeit
damit zu vertreiben, daß er in Miniatur malte und sich mit
Alchymie ergößte" [12]).

„Abends bildete das Kartenspiel mitunter eine angenehme
Zerstreuung für den Kaiser. Wie seine Unterschriften, Briefe und
Audienzen pflegte Se. Majestät auch sorgfältig seinen Spielgewinn
und Verlust in seinen Krakauerkalender einzutragen" [13]).

Der Herzog v. Gramont [14]) erzählt in seiner schmähsüchtigen
Weise, daß Leopold auch das Kegelschieben hoffähig gemacht habe.
Der Diener des Roi Soleil konnte sich natürlich das Gottes=
gnadenthum und die geheiligte Majestät des Kaisers in Hemb=
ärmeln und auf der Kegelbahn nicht vorstellen.

„Sehr beschäftigten den kaiserlichen Herrn endlich noch die
Curiositäten; er drechselte Becher von Elfenbein, er trieb eine Menge
Tausendkünsteleien mit Uhren, Münzen, Automaten u. s. w."

„Zu Anfang seiner Regierung, in den Jahren, wo er noch
unverheirathet war, und noch unter der ersten und zweiten Gemahlin,
wohnte Leopold öfters den Hoflustbarkeiten namentlich im Carneval
bei, den Schlittenfahrten — wiewohl er dabei incognito zu er=
scheinen pflegte — den Wirthschaften und Balletten."

„Der Kaiser pflegte auch häufig durch die Stadt mit großer
Begleitung auszufahren, was um seine Person eine wahrhaft ehr=
würdige Majestät breitete." „Zu Mittag speiste der Kaiser stets
allein. Die Tafelzeit war elf Uhr. Er blieb ungefähr eine Stunde
bei Tisch. Während der Mahlzeit sprach der Kaiser gewöhnlich
mit seinen Pagen und seinem Hofnarren und hörte der Musik zu.
Abends pflegte er mit seiner Gemahlin in dero Gemächern zu
speisen. Da waren es dann die Damen, die aufwarteten" [15]).

„In äußerlicher Andacht und genauer Beachtung der Kirchen=
gebräuche wird er wenig Potentaten finden, die ihm gleichen, will
nicht sagen, ihn übertreffen. In Sachen, die ihm auf das Gewissen
gebunden werden, ist er gar delicat und versteht er keinen Spaß" [16]).

„Er beichtet alle Sonntage, communicirt alle vierzehn Tage
und außerdem noch an großen Fest= und Aposteltagen. Vor jedem,
auch dem niedrigsten Geistlichen zieht er den Hut ab und wohnt
allen kirchlichen Feierlichkeiten bei. In der Fastenzeit besucht er
dreimal in der Woche die Kirche und hält noch an einem anderen
Tage Betstunden nach römischer Art" [17]).

„Ein erhabenes Phlegma war in diesem Habsburger ver=
körpert. In streng religiöser Fassung allen Fügungen des Himmels
ergeben, bewies Leopold einen Gleichmuth, der sich demjenigen des
Kaisers Friedrich III. zur Seite stellte. Als er einst in Laxenburg
bei der Tafel saß, schlug der Blitz in's Gemach. Während alles
verwirrt durcheinander lief, sagte Leopold ganz ruhig: „Da Gott
mir ein so sichtliches Zeichen gegeben, daß jetzt eine bessere Zeit
sei zum Beten und Fasten, als zum Schmausen, so tragt die Speisen
ab. Und darauf begab er sich in die Kapelle" [18]). Daß Leopold
bei solcher Religiösität den Ketzern spinnefeind war, ist selbst=
verständlich. Alles in allem genommen muß der Kaiser als ein
nach allen Richtungen hin strenggläubiger Katholik bezeichnet werden.
Schade, daß diese und die nachfolgenden rühmenswerthen Eigen=
schaften noch immer keinen guten Regenten ausmachen.

Leopolds Sitten waren von tabelloser Reinheit [19]), und in
dieser Beziehung hob sich sein Hof vortheilhaft von Ludwigs XIV.
Maitressenwirthschaft ab *). Er lebte mit seiner Frau aus der

---

*) Wie die laxe Ehemoral der Fürsten zu handhaben sei, damit sie nicht
zum Schaden der Regierungsgewalt ausschlage, darüber spricht sich Ludwig in
seinem für den Dauphin bestimmten Werke (Oeuvres de Louis XIV; Mémoires
historiques et instructions do Louis XIV, pour le dauphin son fils. Paris
1806) in bezeichnender Weise aus. „Wenn wir, ohne es zu wollen, in eine
dieser Verirrungen verfallen, müssen wir wenigstens, um die Folgen zu ver=
mindern, zwei Vorsichtsmaßregeln beobachten, wie ich dies immer gethan und
mich dabei sehr wohl befunden habe. Die erste ist, daß die Zeit, welche wir
unserer Liebe widmen, niemals unsere sonstigen Geschäfte beeinträchtige. Die
zweite geht dahin, daß wir immer Herren unseres Verstandes bleiben, während
wir dem Zuge unseres Herzens folgen. Kurz, das schöne Weib, welches uns

spanischen Linie in glücklicher Ehe. Trotz seiner Frömmigkeit schien
übrigens der Kaiser hie und da Späßen im Sinne der Zeit nicht
abhold zu sein.

„Neben einem ehrbaren Lebenswandel kann ihm als Haupt=
verdienst ein zähes Ausharren und große Mäßigung in guten, wie
namentlich auch in bösen Tagen nachgerühmt werden, doch artete
ersteres oft in Eigensinn und letztere in eine zuweilen ganz unver=
zeihliche Gutmüthigkeit aus, die so weit ging, daß der Kaiser, um
niemandem wehe zu thun, die ärgsten Unterschleife und Betrügereien
seiner höchsten Beamten ruhig hingehen ließ“ [20]). „Es wäre ein
großes Glück für die Unterthanen“, schreibt Sagredo 1665, „wenn
sich der Kaiser selbst leiten würde; sie würden dann nicht dem Geize,
den Launen und Interessen seiner Günstlinge erliegen.“

Leopold hatte keine Neigung für den Soldatenstand, war
jedoch gleichwohl nach Ehren gierig [21]).

Er gerieth leicht in Zorn [22]).

Andererseits wird seine Leutseligkeit und sein großes Mitleid
gegen die Armen gerühmt. Er theilte gern Almosen mit eigener
Hand aus. Auch sonst war er freigebig, was übrigens wie bei
Ferdinand II. hie und da in Verschwendung ausartete.

Mit seiner tiefinnerlichen Ueberzeugung vom Gottesgnaden=
thum steht sein hochentwickeltes Pflichtgefühl im Zusammenhange.
„Obwohl er von Natur die Ruhe und Ergötzlichkeit liebt, so be=
sucht er doch den geheimen Rath fleißig und läßt denselben, so oft
die Minister es für gut finden, zusammenfordern. Er läßt sich's
auch nicht verdrießen, fast jedermann, der darum anhält, ohne
Unterschied Audienz zu geben, wiewohl er selten anders als in
terminis generalissimis antwortet. Er vertheilt die ihm einge=
reichten Memorialien, nachdem er sie vorerst durchgelesen, selbst in
die Kanzleien und Expeditionen, wo sie hingehören. Bei solcher
Gelegenheit schreibt er bisweilen seine Meinung und Intention mit
etlichen Worten darauf. Indessen kommt aller dieser Fleiß mehr
aus Gewohnheit her und weil er glaubt, es müsse also sein, als
daß er gar sonderlich Lust zu den Affairen haben sollte“ [23]).

---

erfreut, soll nie einen Antheil an unseren Staatsgeschäften haben.“ S. 292.
In der letzteren Zeit seiner Regierung wurde freilich Ludwig diesem Grundsatze
untreu.

Von dem, was man ſo eigentlich Regententugenden nennt, hatte Leopold wenig oder nichts, insbeſonders mangelte es ihm an dem wichtigſten Talente der Fürſten: die Miniſter nach ihren Fähigkeiten zu verwenden [21]).

Kurz nach ſeinem Regierungsantritte waren freilich die vene= tianiſchen Geſandten Battiſta Nani (1658), Sagredo (1659) und Molin (1661) mehr oder minder entzückt über ſeinen Scharfſinn, womit er immer die beſſeren Rathſchläge zu wählen wüßte. Dieſe Urtheile, die übrigens meiſt nur auf Mittheilung der kaiſerlichen Räthe beruhten, dürfen um ſo weniger Wunder nehmen, als ja die Erfahrung aller Zeiten gelehrt, welch' überſchwängliche Hoff= nungen ſtets an die Thronbeſteigung jugendlicher Fürſten geknüpft wurden. Dazu kommt, daß alles, was bei einem gewöhnlichen Sterblichen die Mittelmäßigkeit nicht im Entfernteſten überragt, bei einem Fürſten durch den Mund der Höflinge und Hofſchranzen als eine Art Weltwunder ausgepoſaunt wird.

Iſt dieſe Bewunderung des geſunden Menſchenverſtandes eigent= lich nicht die größte Beleidigung, welche den Fürſten durch ihre Schmeichler zugefügt wird?

1664 urtheilte Sagredo*) bereits viel kühler und Marino Giorgi hat wohl das Richtige getroffen, wenn er 1671 meldet: „Es fehlt Leopold an Kraft im Befehlen, an Raſchheit in den Entſchlüſſen, an Eifer in der Ausführung, an der Gabe ſich an große und glänzende Pläne heranzuwagen. Es entſpringen dieſe Mängel einem Geiſte, dem es an einer freien Erziehung gebrach; denn die ſeine taugte nicht für Kronen und Scepter"**). Kurzum,

---

*) „Es fehlt ihm nicht an Geiſt und Fähigkeiten, obgleich er ſich ſelbſt mißtraut und wenn ihm die Laſt der Geſchäfte läſtig wird, ſo ladet er ſie auf die Schultern des Nächſtbeſten ab." — Giuſtiniani ſchrieb übrigens ſchon 1654: „Viele meinen, daß ſich von dieſem Prinzen (Leopold) Großes erwarten laſſe; aber man merkt noch nicht viel davon."

**) Vgl. damit Pufendorf: „In Reſolutionen von Wichtigkeit ſind die Majeſtät etwas langſam und vorſichtig, ſowohl von Natur, als weil die Lebens= art am öſterreichiſchen Hofe es von langer Hand alſo mit ſich bringt, und ſo etwan zuweilen eine Reſolution gleichſam aus dem Stegreife zu nehmen iſt, koſtet es den Miniſtern nicht geringe Mühe, ehe ſie ihn zu einem Schluſſe bringen."

Leopold, der ja urſprünglich für den geiſtlichen Stand beſtimmt
geweſen, war wie Ferdinand II. nicht zum Kaiſer, ſondern zum
Mönch erzogen worden.

Und ſo dürfte wohl Zuanne Moroſini (1674) nicht ganz un=
recht haben, wenn er meint, daß Leopold's ungewöhnliche Zurück=
haltung, ſeine Gewohnheit, mehr dem Rathe anderer als ſich ſelbſt
zu vertrauen, von den Jeſuiten ſtammt, die mehr aus irdiſchen als
aus himmliſchen Gründen ihm nahe legten, er müſſe, um ſich die
ewige Seligkeit zu ſichern, die Laſt der Krone den Miniſtern über=
laſſen; ſonſt würde er ſelbſt für alle Vorkommniſſe vor Gottes
Richterſtuhl zur Rechenſchaft gezogen werden. — Eigentlich eine
etwas eigennützige Frömmigkeit. — Der Einfluß der Beichtväter am
kaiſerlichen Hofe wuchs mit den Jahren. „Man kann ſich gar nicht
gehörig vorſtellen“, berichtet Francesco Michiele aus dem Jahre
1678, „wie weit über die Grenzen des Gewiſſens hinaus die Beicht=
väter an dieſem Hofe ihre Herrſchaft erſtrecken; wie ſie ſich hoch=
müthig ſelbſt über die Autorität der Miniſter ſtellen; daraus iſt
zu entnehmen, wie groß der Durſt jener iſt, die über den reichen
Schatz des göttlichen Willens verfügen.“ — „Die Jeſuiten erhalten
ſich den Geiſt des Kaiſers gewogen mit heiligen Schauſtellungen,
mit theatraliſchen und muſikaliſchen Aufführungen, und unter vielen
iſt jene bemerkenswerth, welche am Frohnleichnamstage ſtattfindet,
wo der Hof das ganze Evangelium anhören muß, das Aller=
heiligſte auf einem Altar ausgeſetzt wird; das dauert ſo lange,
daß gleichſam eine heilige Comödie auf dem Platze aufgeführt
wird. Viermal ißt der Kaiſer bei den Vätern der Geſellſchaft,
wobei er nobel bezahlt, da er ſie jedesmal mit einem Geſchenke
von 6000 Gulden bedenkt.“

„Leopold ließ alles an ſich herankommen. Weder bekam er
irgend einen w i c h t i g e n Bericht in die Hände, — die Räthe laſen
ihm in der geheimen Conferenz hin und wieder eine Relation nach
eigener Auswahl, und erſt, nachdem ſie ſelbſt ſchlüſſig geworden
waren, vor — noch änderte er je etwas an einem Gutachten der
Commiſſion, zu dem er ſtets ſofort ſein placet gab. Geruht er
einmal, ein Handſchreiben zu erlaſſen oder einem Schreiben ein
eigenhändiges Poſtſcriptum hinzuzufügen, etwa als beſondere Gunſt
oder als Antrieb für den betreffenden Empfänger, ſo geſchieht dies

immer nur auf vorherigen Antrag der Räthe, die ihm das Concept zur einfachen Abſchrift vorlegen" [25]).

Am treffendſten hat demnach Lobkowitz ſeinen Herrn gezeichnet, indem er zu Grémonville, dem franzöſiſchen Geſandten, bemerkte: „Der Kaiſer iſt nicht wie Ihr König, der alles ſieht und macht; er iſt wie eine Statue, die man trägt, wohin man will und der man Stellungen nach Belieben giebt" [26]).

Indeſſen entbehrte auch Kaiſer Leopold der Anwandlungen eines Selbſtherrſchers nicht, was er z. B. durch Abordnung von Geſandten in beſonderen Miſſionen über die Köpfe ſeiner Räthe hinweg hie und da zum Ausbruck brachte [27]).

Nach allem, was über Leopolds Fähigkeiten und Charaktereigenſchaften bekannt iſt, hatte er, obwohl ihn ſeine Schmeichler den Großen zu nennen pflegten, ſozuſagen ſeinen Beruf verfehlt.

Wäre er nicht auf der Menſchheit Höhen geboren worden, er hätte einen vortrefflichen Muſiker abgegeben. Sein Kapellmeiſter ſoll ihm wenigſtens einmal das Compliment gemacht haben: „Wie ſchade iſt es, daß Euer Majeſtät kein Muſikus geworden", worauf der Kaiſer nicht ohne gottbegnadeten Humor erwiderte: „Thut nichts, haben's halt ſo beſſer" [28]).

Man könnte ſchließlich fragen, wie kam es aber, daß, trotzdem dem Kaiſer ſtaatsmänniſche Talente entſchieden verſagt waren, Oeſterreich unter Leopolds I. langer Regierung ſo viele äußere Erfolge errang? „Es verdankte ſie meiſtens dem Zufall und ſeinen ausgezeichneten Feldherren, wie endlich auch den Leiſtungen ſeiner Bundesgenoſſen" [29]).

1) Gäbete II, 55. Die Politik Oeſterreichs in der ſpaniſchen Erbfolgefrage. Leipzig 1877. — Das noch wenig bebaute Gebiet der Geſchichte Leopolds I. dürfte in der nächſten Zeit durch Dr. Pfzibrams „Studien zur Geſchichte Kaiſer Leopolds I." eine werthvolle Bereicherung erhalten. Man darf mit Recht auf dieſe Publicationen geſpannt ſein, von denen bereits die erſte: „Die Entwicklung des Rheinbundes von 1658" der k. k. Akademie der Wiſſenſchaften zu Wien überreicht wurde.

2) Relationen der venetianiſchen Geſandten: di Molin 1661, di Giustiniani 1659 etc. Fontes rerum Austriacarum 26. u. 27. B. — Wenden, Leben und Thaten Sr. Majeſtät des römiſchen Kaiſers Leopold des Erſten, Leipzig 1707. (Größtentheils nach dem von einem unbekannten Verfaſſer herrührenden Werke: The life of Leopold, Emperor of Germany, London 1706.) S. 895. — Beße,

Geschichte des österreichischen Hofes und Adels und der österreichischen Diplomatie. Hamburg 1852. V. S. 155.

3) Menden S. 910.

4) Wolf, Fürst Wenzel Lobkowitz, S. 157. Wien 1869.

5) Esaias Pufendorf's, königlich schwedischen Gesandten in Wien Bericht über Kaiser Leopold, seinen Hof und die österreichische Politik 1671—1674. Nach einer Handschrift herausgegeben und erläutert von Gustav Helbig, Leipzig 1862. — Der Hauptinhalt dieser Relation „wie sie im Consilio zu Stockholm den 27. März 1675 abgelesen worden" ist auch abgedruckt bei Johann Georg Keyßler's Reisen, II. Hannover 1751. S. 1251—1266. — Vgl. auch Battista Nani 1658.

6) Behse V, S. 98, 176.

7) Pufendorf.

8) Menden S. 905.

9) Karajan, Kaiser Leopold I. und Peter Lambeck. Wien 1869. S. 9.

10) Menden S. 907—908.

11) Relazione di Molin 1661. Hier nach Wolf, Lobkowitz, S. 64.

12) Menden S. 907.

13) Behse V, S. 172.

14) II. S. 135.

15) Behse V, S. 82, 157—159.

16) Pufendorf.

17) Relazione di Molin 1661.

18) Behse V, S. 165.

19) Relazione di Battista Nani 1658, di Sagredo 1659, di Molin 1661. — Selbst Gramont kann in dieser Beziehung nicht umhin seine Bewunderung auszudrücken.

20) Gädeke II, S. 59.

21) Relazione di Battista Nani 1658.

22) Relazione di Molin 1661.

23) Pufendorf.

24) Oeuvres de Louis XIV. S. 28.

25) Großmann (Forschungen zur deutschen Geschichte XII, 1872): „Die Geschäftsordnung in Sachen der äußeren Politik am Wiener Hofe zu Kaiser Leopolds und Lobkowitz' Zeiten."

26) Mignet II, 382.

27) Großmann S. 469.

28) Behse V, S. 171.

29) Gädeke II, S. 60.

2. Die Kaiferin und des Kaifers Stiefmutter.

Leopolds erfte Frau, Margaretha Therefa (geboren 1651,
Kaiferin 1666, geftorben 1673) ftammte aus der fpanifchen Linie.
Sie war die Nichte des Kaifers, die Tochter feiner Schwefter, der
Königin Anna von Spanien. Der Kaifer hatte fie gewiffermaßen
als Erfaß für ihre ältere Schwefter zur Gemahlin bekommen.
Diefe leßtere war Ludwig XIV. zugefprochen worden. Mit diefer
Heirath fügte man ein neues Glied in das verderbliche Syftem
der Familienheirathen, welches die deutfchen und fpanifchen Habs-
burger zur Sicherung der Nachfolge feit Maximilian II. befolgten.
„Man opferte fo auf die Dauer die leibliche und geiftige Gefund-
heit der kommenden Generationen des Haufes dem Intereffe des-
felben“ — meint Onno Klopp[1]).

Margaretha Therefa war zur Zeit ihrer Verheirathung nicht
ganz 15 Jahre alt. „Ihr kleiner Wuchs und ihre fchwächliche
Leibesbefchaffenheit trugen das Gepräge der phyfifchen Entartung
ihres Stammes“ — fagt Mignet auf Grund der Berichte des Erz-
bifchofs d’Embrun an Ludwig XIV.[2]).

„Die Kaiferin“, fchreibt Pufendorf, „war ein gar fchwaches
und zartes Frauenbild, mehr auferzogen eine Religieufe als eine
Prinzeffin zu agiren, maßen fie ihre Zeit meiftentheils mit Beten
und Brobiren oder Nähen zubrachte; habe auch verfchiedentlich
felbft gefehen, daß, wenn man ein Scheibenfchießen gehalten und
fie mit ihrem Herrn zufehen gekommen, fie inzwifchen fich gefeßt
und gewirkt, damit fie immer einige ornamenta haben möchte, in
die Kirche und auf die Altäre zu verehren. Ich erinnere mich,
daß bei den Exequien einer von den Predigern fouteniren wollte,
daß fie niemals eine Todfünde begangen hätte. Der Kaifer liebte
fie herzlich, fowohl daß fie feine Gemahlin war als wegen der
nahen Anverwandtniß. Sie hieß ihn auch niemals anders als
ihren Vetter.“

„Das kaiferliche Ehepaar führte ein ftilles Familienleben und
verbrachte den größten Theil des Jahres in Wien, im Sommer einige
Wochen in der Favorite, in Laxenburg oder Ebersdorf. Es wurden
keine weiteren Fahrten als nach Wiener-Neuftadt oder nach Maria

Zell unternommen, wohin man mit dem großen Gefolge zehn Tage brauchte"[3]).

Daß bei der schwächlichen Leibesbeschaffenheit der Kaiserin — Leopold war ja selbst nicht besonders kräftig[*]) — der Ehe eine gesunde Nachkommenschaft entsprießen würde, konnte billiger= weise nicht erwartet werden. Margaretha Theresa gebar dem Kaiser vier Kinder: 1667 einen Sohn Ferdinand, der nach 3 Monaten starb; 1669 eine Tochter Maria Antonia, die einzige, die sie über= lebte und 1685 an den Kurfürsten Max Emanuel von Baiern vermählt wurde (übrigens war auch sie kränklich: lendenlahm und starb bereits 1692); 1670 einen Sohn Johann, der gleich nach der Geburt starb, und 1672 eine Tochter Maria Josepha, welche nur 14 Tage lebte[4]). „Dannenhero hielt man es communiter für ein Glück für die deutsch=österreichische Linie, daß Gott diese Dame im 21. Jahre ihres Alters weggenommen"[5]). Sie hat sich niemals in die Politik gemischt. Ja gerade zu der Zeit, da sie in Wien lebte, hatten die Spanier viel an Einfluß verloren; erst nach ihrem Tode machte er sich wieder geltend[6]).

Dagegen befaßte sich die Stiefmutter Leopolds, die ver= witwete Kaiserin Eleonore, gern mit der hohen Politik, wohl mehr aus dem den Frauen angeborenen Hang zu Intriguen als weil sie sonderlich viel davon verstand. Wenigstens äußerte sich der französische Gesandte Grémonville, der die guten Dienste der hohen Frau weiblich auszunützen wußte, gelegentlich einmal in diesem Sinne.

1) Onno Klopp, der Fall des Hauses Stuart und die Succession des Hauses Hannover in Großbritannien und Irland im Zusammenhange der euro= päischen Angelegenheiten von 1660—1714. Wien 1875 I, S. 35.

2) Mignet I, 410.

3) Wolf, Lobkowitz S. 157.

4) Wolf, Lobkowitz S. 362.

5) Pufendorf, Helbig S. 60.

6) Wolf, Lobkowitz S. 158.

*) Sagredo berichtet aus dem Jahre 1664, also kurz vor seiner Heirath: „Der Kaiser ist nicht sehr stark gemäß dem gewöhnlichen Schlage seines Stammes, der schon der äußersten Greisenhaftigkeit entgegengeht."

3. Der geheime Rath.

Auersperg, Lobkowitz, Schwarzenberg, Sinzendorf, Hocher,
Lamberg, Gonzaga, Königsed, Montecuccoli u. f. w.

Zur Erklärung der sonst ganz unbegreiflichen energielosen
Politik Leopolds während der Jahre 1667 und 1668 ist es
vielleicht zweckdienlich, das Wesentliche voraus zu schicken, was
Großmann in seiner interessanten Abhandlung über die Geschäfts=
ordnung der äußeren Politik am Wiener Hofe zu Kaiser Leopolds
und Lobkowitz' Zeiten berichtet.

„In Wien gab es zur Zeit Kaiser Leopolds I. noch keine
nach den Geschäften geschiebene Ministerien, wie gleichzeitig etwa
am französischen Hofe; sondern der Kaiser war von einer Anzahl
sogenannter „geheimer Räthe" umgeben, die je nach Bedarf bald
in Fragen der innern bald in Fragen der auswärtigen Politik in
Wien oder als Gesandte an anderen Höfen beschäftigt waren." ...

„Diese Räthe wurden in verschiedene Commissionen vertheilt,
die aus 4—8 Räthen und 1—3 Sekretären bestanden. Jede dieser
Commissionen beherrschte — sozusagen — ein gewisses genau be=
grenztes Gebiet der auswärtigen Politik. Die Commissionen hatten
einen Präsidenten mit ziemlich weitgehenden Befugnissen. Er empfing
die einlaufenden Berichte und Depeschen des Residenten und Ge=
sandten und las sie zuerst. Bei ihm fanden die Berathungen der
Commission, die „geheimen Conferenzen" statt." „Er erbrach die
Briefe der Fürsten seines Ressorts an den Kaiser und behielt sie,
ohne sie demselben vorlegen zu müssen." „Die Conferenz berieth
die neue Instruktion für den Gesandten bis in das kleinste Detail
hinein und concipirte die Antworten auf die Briefe der Fürsten."

„War der Conferenzbeschluß in eine bestimmte Fassung ge=
bracht, so wurde derselbe dem Kaiser vorgelesen."

„Darauf erklärt sich der Kaiser einverstanden, was ebenfalls
durch den Sekretär auf dem Aktenstücke bemerkt wird."

„Der Kaiser bekam also die an ihn gerichteten
Relationen der Gesandten oder fürstlichen Schreiben
keineswegs in die Hand; vielmehr theilen ihm die Räthe davon
nur mit, wie viel und was sie für gut halten."

„Der Schwerpunkt aller Staatsleitung lag somit in den Händen der Räthe, aus denen die verschiedenen Commissionen bestanden."
„Die Politik der Räthe konnte naturgemäß nur eine conservative sein."
„Sie, die das unbedingte Vertrauen des Kaisers besaßen, der zu allem ja sagte, was sie riethen, mußten sich für ihre Rathschläge auch verantwortlich fühlen."
„Die politische Thätigkeit des ersten geheimen Raths lag der Hauptsache nach innerhalb der Geschäftsordnung. Leiteten die Commissionen die auswärtige Politik in ihren verschiedenen Richtungen, so war der Prinzipal=Minister deren Chef. Mochte er also in vielen Fällen den Kaiser persönlich berathen: im Laufe der Geschäfte kam sein Rath nur unter den andern in Betracht. In den geheimen Conferenzen der Commissionen hatten die Meinungen der anderen Räthe völlig gleiches Gewicht mit der seinigen." ... „Es gab aber eine Befugniß, welche der Stellung des Prinzipalministers doch besondere Bedeutung geben und ihn aus der Reihe der übrigen Minister und Räthe herausheben konnte, wenn der Träger derselben sie auszubeuten verstand. Es war die Befugniß, den direkten Verkehr fremder Botschafter mit dem Kaiser zu vermitteln. Die Natur der Anträge, die sie brachten, entschied nun über den Antheil der Thätigkeit, den der Prinzipalminister dabei hatte. Brachten die fremden Botschafter nämlich Anträge ihrer Regierungen, die dem Kaiser persönlich vorgetragen werden sollten, so berieth zunächst der erste „geheime Rath" als erster Mitwisser den Kaiser, ob derselbe im Allgemeinen auf Verhandlungen eingehen, resp. die Sache einer Commission übergeben oder ob er sie ablehnen solle. War in einem solchen Falle die Thätigkeit des Prinzipal= Ministers nur eine kurze und vorübergehende, so änderte sich die Sachlage, wenn — jener Antrag ein geheimer war. Da trat die persönliche Thätigkeit des ersten Ministers an die Stelle der Commission. Es gab in einem solchen Falle in Wien also eine doppelte Politik; eine officielle, durch die Commissionen geleitete und eine ministerielle, geheime, die der Prinzipalminister noch neben seiner Thätigkeit als Commissions=Chef führte." „Kein Fall ist für diese Art doppelter Regierung charakteristischer als die Behandlung der ersten Anträge Ludwigs XIV. betreffend die Theilung der spanischen Erbschaft."

„Von unmittelbarer Wirkung war die Vielheit der obersten
Leitung der Geschäfte auf das Gesandtschaftswesen überhaupt."
„Die Gesandten hielten sich näher an denjenigen geheimen Rath,
dessen Richtung ihnen am meisten zusagte. Das schadete natürlich
der Direktion der gesammten äußeren Politik. Die Intrigue ward
hierdurch officiell gut geheißen."
Die Zahl der geheimen Räthe unter Leopold I. belief sich auf
etliche 20 Personen *). Es fanden sich da beisammen „die Prinzipal-
Hofoffiziere, nämlich die Obristen-Hofmeister des Kaisers und der
Kaiserin, der Oberstkämmerer, Oberhofmarschall und Oberstallmeister,
ferner auch andere hohe Etats-Bediente, zum Exempel der böhmische
Burggraf, der böhmische Kanzler, der Reichsvicekanzler, der unter-
österreichische Oberstatthalter, der Kammerpräsident, der Reichshof-
rathspräsident, der Hofkanzler, der Kriegspräsident und einige Feld-
marschälle" 1).
Der erste geheime Rath war Fürst Auersperg. Er hatte
diesen Rang schon seit 1655 inne. Sein Einfluß sank indessen unter
Leopold, der mehr auf Portias († 1665) und Lobkowitz' Rath gab.
„Auersperg war ein Mann von den besten Manieren, von leb-
haftem Geiste, tüchtig in der Arbeit, geeignet zu den Verhandlungen
mit fremden Mächten, aber wegen seiner Eifersucht, seines Ehrgeizes
der immer andere Würden wünschenswerth machte, gefürchtet und
gehaßt. Er überschätzte sich selbst und liebte niemand als sich selbst."
Wie viele seiner Amtsgenossen wurde er von seiner Frau geleitet.
Er vermengte auch oft die Staatsinteressen mit seinem Privatinter-
esse, wobei natürlich das letztere nicht zu kurz kam 2).
Er spielt bei den diplomatischen Verhandlungen der Jahre
1667 und 1668 eine hervorragende Rolle.
Erst nach Auerspergs Sturz (1669) wurde an Stelle
des vielköpfigen geheimen Rathes „weil sich nachgehends befunden,
daß unter so vielen Leuten das Secretum, welches doch gleichsam
die Seele der Consilien ist, nicht wohl observirt wird", ein Conferenz-
rath von 4 Herren gesetzt 3).
Der zweite geheime Rath war Fürst Wenzel Lobkowitz,

---

*) Im Anfang der Regierung Leopold I. waren 20, 1687—54 geheime
Räthe. Wolf, 212.

und zwar seit 1649. Sein Einfluß machte sich erst nach dem Tode Portia's (1665) geltend⁴).

„Lobkowitz war ein stattlicher ungemein prachtliebender Mann, von den angenehmsten und gefälligsten Formen, immer fröhlich, immer freigebig. Er besaß eine außergewöhnliche, körperliche und geistige Lebhaftigkeit, überströmenden Witz, bons mots in Fülle"⁵).

Den Jesuiten war er nicht sonderlich gewogen. Nicht selten richtete er gegen sie die Pfeile seines Spottes *).

Der venetianische Gesandte Marino Giorgi schilderte ihn 1671 als einen Mann, der über Kenntnisse, Erfahrung, Geistesgegenwart, Urtheilskraft, Gelehrsamkeit und witzige Einfälle verfügte. Doch that er sich auf seine Geschicklichkeit viel zu gute und war demgemäß Schmeicheleien nicht unzugänglich, was Grémonville, der französische Gesandte, gehörig auszubeuten verstand. Seinen Witz benützte er oft dazu, die ernsthaftesten Dinge in's Lächerliche zu ziehen, um unangenehmen Einwürfen aus dem Wege zu gehen. Im übrigen handelte er mit Klugheit, wobei er indessen bisweilen seinen Launen folgte und ein gewisses ungestümes Wesen zeigte.

Aehnlich urtheilt der schwedische Gesandte Pufendorf: „Es ist der Fürst Lobkowitz vir magni et acutissimi ingenii, aber non sine mixtura dementiae. Er traut sich allzuviel zu, und indem er auf seine Erfahrung pocht, verachtet er Andere neben sich, macht sich auch nichts daraus, jemand ohne Noth zu offenbiren."

Der französische Gesandte Grémonville nennt ihn einen schwachen, hitzigen, schlauen und ehrgeizigen Mann, der immer fürchte sich zu compromittiren⁶).

Lobkowitz war den Franzosen sehr gewogen. Ja die Förderung der französischen Pläne, namentlich in den Jahren 1667 und

---

*) Dies deuten folgende Anekdoten an: „Als ihn die Jesuiten um ein Stück Land baten, soll er ihnen die Ueberschrift auf dem heiligen Kreuze J. N. R. J. dahin erklärt haben: jam nihil reportabunt Jesuitae, die Jesuiten werden niemals etwas zurückstellen". — „In seinem Testamente, das einen ganz be- und wehmüthigen, reuezerknirschten Eingang hatte, legirte er den patribus societatis Jesu zum Zeichen seiner gegen selbe jederzeit gehegten Liebe und zu einiger Ergötzlichkeit 82,000 — hier ging das Blatt, das abgelesen ward, zu Ende. Als der Vorleser es umschlug fand er Bretternägel zu einem neuen Bau". Behse V, 44—45.

1668, streift oft geradezu an offenen Verrath der Interessen seines
eigenen Herrn und Kaisers.

Graf Adolph Schwarzenberg war geheimer Rath seit 1648
und seit 1662 Reichshofrath. Er hatte eine sorgfältige Erziehung
genossen und in Paris studirt. Doch behagte ihm das französische
Wesen nicht. Er war den Franzosen und Schweden abgeneigt.
Er besaß nach dem übereinstimmenden Urtheile fast Aller, große
Fähigkeiten, und war mit den Interessen des kaiserlichen Hauses
gründlich vertraut. In Angelegenheiten der äußeren Politik aber
war er nicht besonders beschlagen. Rasche Entschlüsse zu fassen
war nicht seine Sache. Auch verstand er es nicht, sich unter den
übrigen geheimen Räthen verläßliche Anhänger zu gewinnen, und
so blieb er denn mit seiner Ansicht gewöhnlich allein. Außerdem
vergaß ihm Leopold noch immer nicht seine Haltung bei der Kaiserwahl in Frankfurt, wo er für die Wahl des Erzherzogs Leopold
Wilhelm vermittelt hatte[7]).

Graf Georg Ludwig Sinzendorf war Hofkammerpräsident
seit 1656. Als solcher hatte er die wichtige Leitung des Finanz-
wesens in Händen. „Er war ein Mann von mittelmäßigen An-
lagen, eingebildet und hochmüthig und verdankte seine Stellung nur
seinem Namen und der Gunst des Kaisers." Er legte nach her-
gebrachtem Schlendrian über die Finanzen lange Jahre hindurch
keine Rechnung. „Als endlich im Jahre 1680 (nach 24jähriger
Amtsthätigkeit) seine Unterschleife doch aufgedeckt wurden, stellte
es sich heraus, daß Sinzendorf die kaiserliche Kammer um nicht
weniger als nahe zwanzig Tonnen Goldes betrogen hatte." „Unter
den Verbrechen, die bei seinem Sturze genannt wurden, kommen
Meineid, Diebstahl und Betrug vor." Das war der damalige
österreichische Finanzminister![8])

Johann Paul Hocher, seit 1666 Hofkanzler (Minister des
Innern), einer der scharfsinnigsten und weitblickendsten Räthe des
Kaisers, hielt sich um diese Zeit (1667 und 1668) bei den Berathungen noch sehr im Hintergrunde. Sein Name wird kaum
genannt, obwohl er später insbesondere in den 70er Jahren eine
so hervorragende Rolle spielte[9]).

„Den Grafen Lamberg recommandiren am meisten seine
langwierigen Dienste. Er ist zwar ein Mann von Studien, thut

aber bei den Staatsaffairen wenig anders, als daß er Andere
darüber raisonniren hört und sein Jawort dazu gibt, sondern be=
fleißigt sich, seine Oberkämmererstelle fleißig zu verwalten und dem
Kaiser stetig aufzuwarten" [10]).

Das beständige Beisammensein mit dem Kaiser brachte es mit
sich, daß er in fast alle geheimen Angelegenheiten eingeweiht war.
„Nach dem Zeugniß des Grafen von Chavagnac, eines am Wiener
Hofe wohl betrauten Franzosen, war er ein so verschlagener Höf=
ling, daß er seines Gleichen suchte, aber von bornirtem Geist" [11]).
Im übrigen soll er auch Geldgeschenke nicht verschmäht haben, wenn
er der Geheimhaltung sicher war [12]).

Fürst Hannibal G o n z a g a, seit 1658 Vicepräsident des Hof=
kriegsrathes, ein Verwandter der Kaiserin Mutter, hatte mehr
militärische als politische Erfahrung. Er besaß geringe Studien,
da er für das Waffenhandwerk herangezogen worden war; übrigens
erhob er auch nicht den Anspruch darauf, als ein Staatsmann zu
gelten. Die Arbeit liebte er nicht allzusehr. Er mischte sich ungern
in die Politik, obwohl er vielleicht klüger war, als er sich stellte.
Die Hofcabalen waren ihm zuwider [13]).

„Der Graf von K ö n i g s e c k, ein sehr freundlicher Herr und
von guter Conversation, geht ziemlich offenherzig heraus und ist
nicht schwer zu erforschen, was er im Schilde führt, absonderlich
wenn man im Raisonniren ihm das Obstat hält und zu einigem
Emportement Anleitung gibt. Die von ihm geschöpfte Opinion,
als wenn er nicht Fermeté genug hätte, der Versuchung von Geld=
geschenken zu widerstehen, davon er bei seiner Vicepräsidentschaft
im Reichshofrath einige Proben gegeben haben mag, hat ihm nicht
wenig geschadet" [14]).

„Graf N o s t i z, der oberste Kanzler für Böhmen, war ein
rühriger, fleißiger Mann, der aber nicht über das Gewöhnliche
hinaus ragte, und der sich in allem auf Auersperg stützte" [15]).

„Graf M o n t e c u c u l i wird bei Hofe für Denjenigen gehalten,
welchem man directionem consiliorum am besten anvertrauen könnte,
wie er denn ein Mann, der ziemlich Phlegma hat und lange im
geheimen Rath gesessen und consequenter gute Erfahrung er=
worben" [16]).

Vom Obersthofmeister der Kaiserin, Grafen D i e t r i c h s t e i n, weiß Marino Giorgi (1671) keine weiteren Vorzüge zu berichten, als daß er ein Privilegium auf des Kaisers Gunst gehabt.

Von den anderen Räthen wie Obing, Traun, Sprinzenstein u. s. w. sind fast nur die Namen bekannt. Battista Nani entwirft aus dem Jahre 1658 über den geheimen Rath und dessen Thätig= keit, sowie über die geistige Befähigung mancher „Geheimräthe" kein allzu schmeichelhaftes Bild. Er sagt nämlich darüber im All= gemeinen:

„Im Rathe des Kaisers herrschen Zwietracht und Unerfahren= heit. Die erstere ist ein großer Wurmfraß, da die Räthe statt dem Staate zu dienen, den Parteien dienen. Und sie sind dabei von solcher Leidenschaftlichkeit erfüllt, daß sie mehr zusammen kommen, ihre gegenseitigen Intriguen zu entdecken und zu vereiteln, als für ihren Herrn zu arbeiten. Die Unerfahrenheit wiederum leitet oft blind die schwierigsten Verhandlungen, und wie die Zwietracht aus dem gegenseitigen Wettbewerb an den Höfen entsteht, so rührt die Unerfahrenheit davon her, daß man sich zu wenig mit den äußeren Angelegenheiten befaßt. Da der Kaiser nur in Spanien ordentliche Gesandte unterhält, so zieht er keine Leute mit umfassender Kenntniß und Erfahrung heran. Daher kommt es auch, daß in den Rath viele Höflinge nur wegen vorgerückten Alters und weil sie in be= sonderer Gunst stehen, berufen werden. Einige sind solche Hohl= köpfe, daß man mit ihnen über Geschäfte nicht reden kann, ohne zu lächeln oder vor Erstaunen zu vergehen" [17]).

„Daß sich Leopold auch in der Treue seiner Räthe oft täuschte, versteht sich von selbst. Denn befanden sich unter der großen An= zahl derselben auch viele edle und brave Männer, so gab es doch auch feile Seelen genug, die das persönliche Interesse dem des Reiches vorzogen. Das europäische Cabinet, das ein Stück Geld darauf verwenden wollte, konnte nirgends so leicht etwas erfahren oder erlangen, als in Wien; und Ludwig XIV. fand auch in jeder Commission einen Commissionär für seine Angelegenheiten" [18]).

---

1) Pufendorf.
2) Wolf, Lobkowitz S. 71. — Battista Nani 1658. — Molin 1661.
3) Pufendorf.
4) Wolf, Lobkowitz S. 72.
5) Behse V, S. 40.

6) Mignet III, 457. Man vergleiche damit Giustiniani's Charakteristik aus dem Jahre 1654, und die Molins (1661).

7) Wolf, Loblowitz S. 73—75. — Battista Nani 1658. — Sagredo und Nani 1659. — Marino Giorgi 1671. — Pufendorf.

8) Wolf, Loblowitz S. 76—77, 226—235. — Behse V, S. 55—63. — Battista Nani 1658. — Marino Giorgi 1671.

9) Pufendorf. — Wolf, Loblowitz S. 213—215. — Behse V, 68—72. — Marino Giorgi 1671.

10) Pufendorf.

11) Behse V, S. 65.

12) Grémonville an Lionne, 28. November 1667. — Mignet II, 356—357.

13) Battista Nani 1658, Molin 1661, Giustiniani 1654.

14) Pufendorf, Helbig S. 171.

15) Wolf, Loblowitz S. 76.

16) Pufendorf, Helbig S. 69.

17) Ueber die Uneinigkeit der Minister und die hieraus entspringende Langsamkeit in den Geschäften siehe auch Molin 1661.

18) Großmann S. 471—472.

---

4. Der Jesuitenpater Müller, Pater Emerich. — Grémonville, der franzöſ. Geſandte in Wien, und Lionne, der franzöſ. Miniſter des Aeußern.

In den 60er Jahren war der Jesuitenpater Müller des Kaisers Beichtvater. Molin (1661) rühmt ihm Gelehrsamkeit und einen priesterlichen Lebenswandel nach. Er hatte viel Einfluß beim Kaiser, mißbrauchte ihn jedoch nie zu politischen Zwecken. Er kümmerte sich überhaupt nicht um Politik[1]. Damit stimmt Pufendorf überein, obwohl er weniger gut auf ihn zu sprechen war, er nannte ihn „einen bloßen Schulfuchsen, der von den Affairen nichts verstand".

„Die merkwürdigste Persönlichkeit an dem Wiener Hofe muß der Capuciner P. Emerich genannt werden."

„Er war Prediger an verschiedenen Orten, dann Capuciner=guardian in Wien, Prediger bei den Schotten, Beichtvater des Fürsten Loblowitz, ein stiller, bescheidener und verschwiegener Mann, der nichts für sich und nichts für Andere verlangte.

„Der Kaiser wandte sich von 1658 an in allen (??) wichtigen Angelegenheiten an ihn. P. Emerich erhielt Einsicht in die geheimen Instructionen der Gesandten, in die Begleitschreiben derselben, in die geheimen Rathsbeschlüsse, in allen Wechsel der Politik und in die Intriguen des Hofes. Er war immer ein Gegner der Jesuiten" [1]).

Nach Pufendorf's Urtheil ist ihm eine für seine Zeit gar seltene tolerante Gesinnung gegen Andersgläubige nachzurühmen. So mißbilligte er entschieden das harte Vorgehen gegen die evangelischen Ungarn in den 70er Jahren. —

Mit den oben geschilderten kaiserlichen Geheimräthen hatte der damalige französische Gesandte am Wiener Hofe ein leichtes Spiel. Es ist dies der schon einmal genannte Jacques Brethel, Chevalier de Grémonville, einer der geschicktesten Diplomaten aus der Schule Mazarins.

Der Ergebenheit für seinen König, der Begeisterung für den Ruhm und die Größe seines Vaterlandes ordnet er alles unter. Er ist durchaus nicht wählerisch in der Anwendung von Mitteln. Halbe oder unzuverlässige Freunde werden im Bedarfsfalle ohne Barmherzigkeit geopfert. Wer einmal in seinem Bannkreise ist, kann sich ohne Gefahr demselben nicht mehr entziehen. Sein an Verschlagenheit grenzender Scharfsinn barg sich unter einer harmlosen, heiter = gutmüthigen Außenseite. Als vorzüglichem Menschenkenner war es ihm ein Leichtes, in die geheimsten Gedanken des Kaisers und seiner Minister einzudringen. Er kannte genau die Schwächen der Einzelnen. Er zechte mit hohen Herren, schäkerte mit jungen und ältlichen Frauen. Selbst die Kaiserin=Wittwe vermochte dem galanten Franzosen ihre Gunst nicht zu versagen. Vor allem aber hatte er bei dem Kaiser einen Stein im Brette. Grémonville verstand es vorzüglich, durch witzige Bemerkungen, selbst in den ernstesten Dingen, Leopold heiter zu stimmen, so daß dieser selbst sagte, kein Arzt wisse besser ein Heilmittel für Alles zu finden als er [2]).

Grémonville gab oftmals gute Rathschläge in kleineren Dingen, um im Nothfalle in wichtigen Angelegenheiten die Leute desto leichter hinter's Licht führen zu können. Dabei verstand er es in wunderbarer Weise, seine eigentlichen Absichten zu verhüllen. In der Regel schob er einen Vertrauten, irgend eine gutmüthige Natur unter den kaiserlichen Räthen vor, dem er, ohne daß es dieser ahnte, seine Ansichten beibrachte.

Seine diplomatische Kunst läßt sich kurz dahin zusammenfassen: Er hütete sich vor allem, auf einer Unwahrheit ertappt zu werden. So hatte er stets den Schein für sich *).

Grémonville verwickelte sich nie in Widersprüche. Standen die Thaten seines Herrn nicht mit dessen Worten in Einklang, so trug er kein Bedenken, sich selbst als den Getäuschten hinzustellen, obwohl er sehr genau die geheimsten Absichten seines Königs kannte und errieth. Er berief sich dabei unter Umständen selbst auf seine Instructionen, die wohl oft absichtlich so abgefaßt waren, daß auch Andere sie lesen konnten.

Grémonville kam dadurch ganz in den Geruch rücksichtsloser Offenheit und Ehrlichkeit, zumal er seine Behauptungen mit einem solchen Brustton der Ueberzeugung vorbrachte, daß kein Zweifel über seine Aufrichtigkeit laut wurde.

Die Einigkeit der Geheimräthe paßte ihm selten in den Kram. Er suchte sie daher zu stören, indem er die Minister insgeheim gegen einander aufhetzte und ausspielte, oder goldene Minen springen ließ. In dieser allerdings sehr kostspieligen Kunst hatten es ja die Franzosen im Zeitalter Ludwig's XIV. zu unübertroffener Meisterschaft gebracht **).

Mit einem Worte: Grémonville war zur Zeit des Devolutionskrieges die Hauptperson am Wiener Hofe. In seinen Händen liefen alle Fäden zusammen. Der ganze Hof — Lobkowitz ***) nicht ausgenommen — tanzte nach seiner Pfeife⁴).

Auch Grémonville's directer Vorgesetzter, Hugo de Lionne, der französische Minister des Aeußern, war aus der Schule Ma=

<hr>

*) Erst seine Theilnahme an der ungarischen Verschwörung, wo er merk=würdigerweise seine sonst gebrauchte Vorsicht außer Acht ließ, deckte dem kaiser=lichen Hofe seinen wahren Charakter auf.
**) „Wenn es für die Fürsten nützlich ist, ihr Geld zu sparen, so lange Frieden herrscht, ist es nicht weniger wichtig, daß sie es zu ihrem Vortheile aus=zugeben verstehen". Oeuvres de Louis XIV. S. 43.
***) Auch diesen täuschte Grémonville des öfteren durch sogenannte „fausses confidences". Mignet II, 244—248.

zarin's hervorgegangen. In seiner Jugend hatte er einen großen
Theil der europäischen Höfe aus eigener Anschauung kennen gelernt.
Er beherrschte mehrere fremde Sprachen in Wort und Schrift.
Seine diplomatischen Feldzüge zeigen ihn als einen geschickten,
schmiegsamen, verschlagenen und weit aussehenden Staatsmann, dem
eine unerschöpfliche Menge von Hilfsmitteln zu Gebote stand. Eine
auserlesene Schaar fähiger Agenten an allen Höfen Europas er=
leichterte ihm freilich seine macchiavellistische Politik in hohem Maße[5]).

1) Wolf, S. 67.
2) Wolf, S. 215—216.
3) Mignet II, 207.
4) Wagner, Historia Leopoldi Magni Caesaris Augusti. — Augustae
Vindelicorum 1731. I, 217—218.
5) Oeuvres de Louis XIV. S. 33. — Ranke III, 227.

5. Die kaiserlichen Gesandten: Pötting, Goësse, Wicka, Friquet, Kramprich, Basserode, Lisola. — Castel Rodrigo, der Statthalter der spanischen Niederlande.

„In Spanien stand seit 1663 Graf Franz von Pötting
als Gesandter in Verwendung. Er war ein Jugendgespiele des Kaisers
gewesen und wurde von diesem sehr geschätzt. Seine Berichte sind
alle unklar und verworren. Lobkowitz hatte ihn vollkommen in der
Hand"[1]).

In Berlin wurde der Kaiserhof durch den Freiherrn Johann
von Goësse aus einer niederländischen Familie stammend ver=
treten. Ferdinand III. machte ihn zum Reichshofrath. „Unter
Leopold I. versah er vorerst mehrere Missionen in der Türkei und
schloß mit Reninger den Vasvárer Frieden (1664)"[2]). Seine Be=
richte athmen warmes Rechtsgefühl. Er war ein Fürstendiener in
des Wortes edelster Bedeutung. Tief durchdrungen von der Noth=
wendigkeit, daß der Kaiser etwas für die spanischen Niederlande
thun müsse, ließ er es an Warnungen und Ermahnungen nicht
fehlen, welche aber bei der grenzenlosen Verblendung, die am kaiser=
lichen Hofe herrschte, wie Schall und Rauch in alle Winde verwehten.

In Paris war Johann Franz von Wicka kaiserlicher Gesandter. „Er stammte aus einer alten Patrizierfamilie in Basel
und war durch seinen Besitz im Breisgau Landstand von Vorder-
österreich. Seine Depeschen gingen immer über Freiburg, weil sie
auf dem geraden Wege nicht sicher waren" [3].

Sie wurden in der That auch oft abgefangen und durchgelesen [4].
„Er klagte, daß die Geheimnisse in Paris nur schwer zu erfahren
seien. Die Kanzelisten des auswärtigen Amtes würden alle einge-
sperrt. Seit unter Lyonne einer hingerichtet worden, könne man
nichts mehr erfahren" [5].

Die Rolle, welche Wicka in Paris spielte, war eine ziemlich
klägliche. Seine umfangreichen Berichte sind beinahe eben so viele
Klagen über den ausständigen Gehalt und den Mangel an Instruktionen [*]. Er wußte fast nie, was er den französischen Diplomaten
antworten sollte. Es blieb ihm allein überlassen, zu thun und zu
reden, was ihm für gut schien. Das war übrigens für die plan-
lose kaiserliche Politik scheinbar ein Vortheil. Man konnte so ja
jeden Schritt des Gesandten desavouiren, falls er sich etwa nach-
träglich als dem kaiserlichen Interesse nicht förderlich erwies.

„Meine Gesandten müssen auf Kommando einschwenken wie
die Unteroffiziere", sagte einmal Bismarck. Von einem solchen ein-
heitlichen Prinzip bei diplomatischen Aktionen war am damaligen
Wiener Hofe wenig die Rede, ja es fehlte eigentlich gänzlich.

In Ermanglung von Instruktionen sind demnach Wicka's Relationen über die politischen Vorgänge ziemlich dürftig. Um so
mehr befassen sie sich mit Etikett- und anderen Fragen. So enthalten sie z. B. langathmige Abhandlungen von höchst komischer
Wirkung über die verschiedenen Rechte der einzelnen Botschafter [6].

Der polnische Gesandte hatte es nämlich gewagt, sich in Gegenwart des kaiserlichen Gesandten auf einen Stuhl zu setzen! Horribile
dictu! Oder aber der Gesandte fragt in weitschweifiger Weise an,
welchen von den Residenten er die Hand geben solle und welchen
nicht [7].

Oder aber von Wicka befaßt sich eingehend mit dem „hoch-

---

*) Im Berichte vom 19. August 1667 heißt es, er habe bereits 13,000
Gulden aus Eigenem bis dato ausgelegt und sei nun von Geld ganz entblößt.
K. k. A.

erwunschenen Stand der Kaiserin, der, wie der Graf von Soissons gesagt haben soll, gar Manchem Concept und Compaß verrücken dürfte"[8]).

Dieser Mangel an Instruktionen brachte denn auch Wicka in nicht geringe Verlegenheit, als ein Tedeum laudamus nach dem andern auf die Nachricht von den eingenommenen Ortschaften und errungenen Siegen in Paris abgehalten wurde, wozu man auch die fremden Botschafter einlud. Er hatte indeß stets so viel diplomatischen Takt, um sich aus dem Dilemma mit der jedenfalls erfindungsreichen Ausrede zu helfen, daß er sich „durch zu vieles Früchteessen eine Colica zugezogen habe"[9]).

Während Grémonville am kaiserlichen Hofe in hoher Gunst stand, und sozusagen alle Geister leitete, wurde Wicka, wie dies aus Obigem erklärlich erscheint, ziemlich bagatellmäßig behandelt. Er beklagte sich des öfteren in seinen Berichten, daß ihn Lyonne so selten vorlasse, obwohl er sonst fremden Ministern gern Audienzen ertheile[10]). — Im allgemeinen erwies sich Wicka, wie man im gewöhnlichen Leben zu sagen pflegt, als eine „gute, ehrliche Haut".

Im Haag wurde der Kaiser durch Johann F r i q u e t vertreten. „Schon lange Zeit kränkelnd, starb er im August 1667. Vor Dezember wurde er nicht ersetzt. Und gerade in der Zwischenzeit begann Grémonville sein Intriguenspiel, das den Kaiser an die französischen Wünsche festknüpfte. Bevor es möglich ward, daß die durch F r i q u e t's Tod abgebrochene Verbindung zwischen Oesterreich und der Republik hergestellt wurde, hatte die französische Partei schon triumphirt und wurde Lisola's warnende Stimme die Stimme eines Rufenden in der Wüste.... F r i q u e t's Sendung in Holland ist nicht sehr wichtig gewesen. Sein Aufenthalt hatte aber den guten Erfolg, daß der Kaiser und die Staaten an einander gewöhnt wurden." Die Wirkung zeigte sich freilich erst in den 70er Jahren. „Der Nachfolger Friquets war Daniel Johann K r a m p r i c h von Kronenfeld, kaiserlicher Rath und Ritter des Mauritius- und Lazarus-Ordens, früher Resident in Polen, ein Deutscher von Geburt, ein Gelehrter und fähiger Diplomat. Im Dezember kam er in den Haag, nachdem der Kaiser dort vier Monate lang ohne Vertreter gewesen war"[11]).

„Im Jahre 1668 begann Kramprich seine eigentliche Wirksamkeit. Er verlegte sich vor allem darauf, eine gründliche Kenntniß der Personen und Zustände in der Republik zu erlangen, was ihm auch mit der Zeit vollkommen glückte und ihn so zum Orakel der fremden Gesandten machte, die irgend etwas Besonderes zu verrichten hatten. Aber obwohl er bald mit de Witt, van Beuningen, van Beverningh und anderen leitenden Personen gut bekannt wurde, hatte er nicht viel zu thun." Die kaiserliche Politik war ja mit Beginn des Jahres 1668 von der französischen ganz ins Schlepp= tau genommen worden.

„Das einzige was Kramprich nachdrücklich aufgetragen wurde, war die Beschirmung der niederländischen Katholiken, für welche er in seinem Hause eine Kapelle hatte, worin der katholische Pfarrer von Haag und die patres missionarii Societatis Jesu die Messe lasen.".....
„Zu gleicher Zeit war er auch werkthätig für die Belebung der Han= delsbeziehungen zwischen Oesterreich und der Republik. Die Er= niedrigung der kaiserlichen Durchgangszölle zu Roveredo und Verona erregte in Holland große Freude und scheint vor allem sein Werk gewesen zu sein. Zugleich suchte er die Aufmerksamkeit der Hollän= der auf Dalmatien zu lenken, woselbst er dem Kaiser rieth, Häfen zu öffnen, was ihm späterhin große Vortheile eintragen sollte."

„In der Politik war er ein bloßer, wenngleich höchst auf= merksamer Zuschauer" [12]).

In Stockholm war kaiserlicher Gesandter Hermann von Basse= rode, allem Anschein nach ein fähiger Kopf.

Alle damaligen kaiserlichen Minister und Gesandten überragte an Wissen und politischem Scharfblick thurmhoch der Freiherr Franz von Lisola.

Er stammte aus einer burgundischen Familie in der Franche Comté. Frühzeitig trat er in kaiserliche Dienste (1639).

„An den Höfen fast aller europäischen Großmächte ist er thätig gewesen; in Warschau, in Madrid, in London, im Haag hat er als Gesandter residirt." „Von den verschiedensten Höfen wissen die kaiserlichen Residenten zu berichten, daß Lisolas Name dort nur mit Achtung genannt werde" [13]).

Während des Devolutionskrieges befand sich der Schauplatz seiner diplomatischen Thätigkeit hauptsächlich in Brüssel, im Haag und in London.

Er war ein erbitterter Gegner der Franzosen und jedenfalls ihr gefährlichster Feind. „Nicht genug, daß er mit allen Mitteln des Diplomaten die Tendenzen dieses Staates bekämpfte, suchte er in erbittertem Federkriege dieselben auch in der Meinung der Menschen zu vernichten und so ihren Bestechungen und Intriguen ein Gegengewicht zu verschaffen. Trotz seiner umfassenden Thätigkeit fand er noch Zeit, in meisterhaft geschriebenen Flugschriften in dieser Richtung zu wirken. Sie erschienen gleichzeitig in den verschiedensten Sprachen. Mit ausgezeichneter Geschicklichkeit wußte er aus der Seele Derer zu sprechen, die er überzeugen wollte. Er verstand nicht nur den Ton zu treffen, der auf deutsche Gemüther wirken konnte, sondern er schrieb auch französisch, als ob ein über die ewigen Kriege seines Königs unzufriedener französischer Bürger, und englisch, als ob ein Mitglied der parlamentarischen Opposition die Schrift verfaßt hätte. Seit ihm hat es kaum einen Diplomaten gegeben, der mit solcher Gewandtheit zugleich die Feder des Publicisten geführt hat" [14]).

Von seinen zahlreichen Flugschriften ist vielleicht die bedeutsamste sein „Schild des Staates und der Gerechtigkeit gegen den französischen Plan der Universalmonarchie." Dieses Werkchen entstand im Juni 1667 [15]) im Handumdrehen als Antwort auf Ludwigs räuberischen Ueberfall der spanischen Niederlande. Es wird noch später davon die Rede sein.

Lisola durchschaute Ludwig vollständig. Aber auch dieser verkannte die Gefährlichkeit dieses rastlosen Gegners nicht und haßte ihn aus voller Seele. Bezeichnend ist, daß Castel Rodrigo, der Statthalter der spanischen Niederlande, Lisola zu seiner Ueberfahrt nach England anfangs Mai eine Bedeckung von vier Fregatten mitgab, damit der kaiserliche Gesandte nicht etwa von den Franzosen abgefangen werde. Das Streben Lisolas ging dahin, den Kaiser an die Spitze einer Allianz gegen Frankreich zu stellen. Leider hatte man in Wien für diese weit aussehende Politik damals (1667 und 1668) noch kein Verständniß. „Und so blieb das zielbewußte Ankämpfen gegen die Pläne Ludwigs XIV. lange Zeit (1665—1673) nur in der Persönlichkeit Lisolas verkörpert" [16]).

„Großer Eifer für das Haus Oesterreich, ein noch größerer Haß gegen Frankreich und alles was damit zusammenhing, das

waren Eigenfchaften, die einem alsbald in die Augen fallen. Denn
diplomatifche Fähigkeiten, Kenntniß von Perfonen und Sachen, nicht
fehr wählerifch fein in dem Gebrauch von Mitteln, das war in
jener Zeit nichts Seltenes. Aber ein fo unauslöschlicher Haß gegen
Frankreich, eine fo fcharfe Parteinahme und eine fo gewaltige Energie
in dem Vollführen feiner Pläne, war bei den grundfaglofen Diplomaten etwas Neues. Daher kommt es, daß er eine der bekannteften
Perfonen feiner Zeit wurde" [17].

Die Energie und geiftige Rührigkeit des genialen Diplomaten
wurde den ziel= und planlos herumtappenden Räthen in der Wiener
Hofburg fehr unangenehm. Auch Kaifer Leopold, der fich leider
allzu gern in Majeftät zu hüllen geruhte und den Dingen ihren
Lauf ließ, fand die fteten Mahnungen, das ftete Drängen Lifolas
recht unbequem *).

Jede vom franzöfifchen Gefandten Grémonville gegen Lifola
vorgebrachte Verdächtigung fiel auf einen fruchtbaren Boden. Es
kam fo weit, daß fchließlich Lifolas Worte ganz verklangen. Zur
Zeit, als die Verhandlungen über die Theilung des fpanifchen Erbes
in vollem Gange waren (1667—1668) und auch noch lange nachher,
wurden feine Berichte kaum mehr gelefen. Eine große Anzahl der=
felben liegt bis heute noch unentziffert im Wiener Staatsarchive [18].

Hätte fich Leopold während des Devolutionskrieges über den
befchränkten Horizont feiner Räthe in etwas zu erheben vermocht, hätte
er dem hochbegabten Staatsmanne freien Spielraum gelaffen; wahrlich
dann wäre ein anderer Zug in die öfterreichifche Politik gekommen,
und fie wäre von dem Schandfleck befreit geblieben, den die Ver=
handlungen der Jahre 1667 und 1668 ewig auf ihr haften laffen.

Eine ähnliche Rolle wie Lifola in kaiferlichen Dienften fpielte
der damalige Statthalter der fpanifchen Niederlande, der Marques
de Caftel Robrigo, unter den fpanifchen Staatsdienern. Er war
ein entfchiedener Gegner der Franzofen. Wie Lifola, mit dem er
in regem Verkehr ftand, durchfchaute er die Pläne Ludwigs voll=
kommen. Da er ungewöhnliche Fähigkeiten und auch die nöthige

---

*) In feinem Eifer wurde Lifola fogar feinen Freunden, den Spaniern,
läftig, da er alles für fie thun und ihnen nichts überlaffen wollte, worüber fich
der Marques de los Balbases, der fpanifche Gefandte zu Wien, Ende 1668 allen
Ernftes beklagte. Müller, S. 18.

Energie beſaß [19]), ſo hätte er den Franzoſen ſehr gefährlich werden können, wenn er nur die entſprechende Unterſtützung ſeitens der ſpaniſchen Regierung gefunden hätte. Von dem Augenblicke an, als er zum Statthalter Belgiens ernannt wurde (1664), ſuchte er alle Vertheidigungsmaßregeln, die ihm zu Gebote ſtanden, gegen die Pläne Ludwigs vorzukehren. Aber er mußte nur zu bald einſehen, daß der ernſteſte Wille nicht mehr im Stande war, den ſpaniſchen Hof aus ſeiner Lethargie aufzurütteln und ſein Vaterland aus dem Zuſtande der Erſchlaffung, in den es verſunken war, zur Verfolgung einer thatkräftigen und entſchiedenen Politik emporzuheben [20]).

1) Wolf, Lobkowiß S. 218.

2) Wolf, S. 216.

3) Wolf, S. 217.

4) Paris am 21. Oktober 1667. Wicka an Leopold. K. k. Archiv. Frankreich, Correſpondenz 28 u. 29.

5) Wolf, S. 217.

6) In dem Berichte vom 22. April 1667.

7) 29. Juli 1667, 8 Seiten.

8) Paris am 15. April 1667.

9) Paris am 1. Juni 1667.

10) Paris am 29. Juli 1667 und am 2. September.

11) Müller, S. 13, 14. Nederlands eerste Betrekkingen met Oostenrijk toegelicht uit de correspondentie der keizerlijke gezanten te's Gravenhage 1658—1678. Amsterdam 1870.

12) Müller, S. 15 u. 16.

13) Großmann, der kaiſerliche Geſandte Franz v. Liſola im Haag 1672—1673. Wien 1873 S. 5.

14) Großmann, S. 104—106.

15) Klopp, S. 388.

16) Klopp, S. 130.

17) Müller, S. 17.

18) Klopp, S. 219.

19) Giuſtiniani 1654. — Mignet I, 318.

20) Mignet I, 319.

6. Die Finanzen.

Die beständige Ebbe in der Staatskasse war eine Haupturſache von Leopolds Unthätigkeit. In Verbindung mit ſeiner angeborenen und anerzogenen Unſchlüſſigkeit mußte ſie vollends jedwede That=kraft lahmlegen. Die kaiſerliche Macht war an und für ſich nicht unbedeutend. „Sie würde ſogar groß ſein, ſagt der Venetianer Molin, wenn die Regierung kräftig geleitet und die Schätze nicht vergeudet würden." Da liegt eben das Geheimniß der Schwäche. Die Finanznoth war ſo zuſagen ein Erbübel. Von Max II. angefangen bis zu Leopold herab iſt es faſt immer die Finanzcalamität, welche die habsburgiſchen Herrſcher in die uner=quicklichſten Situationen bringt.

„Regalien, Zölle, Staatsgüter waren verpfändet, Aemter und Ehren im vorhinein verkauft, die Ausgaben vergrößert, die Ein=nahmen vermindert. Der Staat borgte häufig bei Privaten, welche Zinſen zu Zinſen rechneten, ſo daß in der zweiten Generation das Kapital drei= und vierfach an Geld und Gütern gezahlt werden mußte. Man mußte ein Lücke zu und die andere aufmachen. Es gab keine Reviſion, keine Controle, keine Vorſchriften, in welcher Zeit die Rechnungen abgelegt werden ſollten"[1]).

Dieſe leidigen Finanzverhältniſſe hatten nicht zum mindeſten ihren Grund in der ungezügelten Freigebigkeit der habsburgiſchen Fürſten.

Schon unter Max II. konnten die Bedürfniſſe nie gedeckt werden, und am Ende des Jahres war immer eine bedeutende Schuld vor=handen[2]).

Wie die Proteſtanten die ſtete Geldverlegenheit Max II. aus=nützten, iſt bekannt. Nicht minder erbärmlich ſtand es um die Finanzen unter Rudolf II.

„Das Finanzweſen des neuen Großſtaates war die traurigſte Seite deſſelben, denn das öſterreichiſche Reichsbudget kannte vom Jahre 1591 an bis 1607 zu ſeiner größeren Hälfte keine anderen als zufällige Deckungen"[3]).

Der Geldmangel verleitete die Obrigkeiten nicht ſelten zu den lächerlichſten Abderitenſtücklein[4]).

„Unter Ferdinand II. bemächtigte man sich 1620 in Wien der Waisengelder, was, wie der venetianische Gesandte Venier meinte, bei einem Herrscher, der auf Heiligkeit Anspruch erhob, nur skandalös genannt werden muß" [5]). Kepler, Mathematikus am Hofe desselben Fürsten, wurde für die Besoldungsrückstände, die sich auf 12,000 Gulden beliefen, an Wallenstein gewiesen. Das Jahr 1623 sah in Wien auch eine Art Staatsbankerott, Münzcalada genannt [6]).

Nicht besser, wo möglich noch schlechter sah es unter Ferdinand III. aus [7]).

Ebenso unter Leopold. Sparsamkeit war von jeher nicht die stärkste Seite des Habsburgerstaates gewesen. Durch die Nach= ahmung der prunkenden Hofhaltung Ludwigs XIV. mußte die trau= rige finanzielle Lage nur noch verschlimmert werden. Es trat hier eben ein zu grelles Mißverhältniß zwischen Wollen und Können, zwischen Aufwand und vorhandenen Mitteln zu Tage.

Die jährlichen Einkünfte des Gesammtstaates berechnet Sa= gredo [8]) in der Mitte des 17. Jahrhunderts auf 6 Millionen Gulden, Pufendorf in den 70er Jahren auf 9 Millionen Thaler Silbermünze, Gäbeke [9]) zu Ende des 17. Jahrhunderts auf 12 Millionen Gulden. Dazu kamen noch hie und da außerordentliche Einnahmen. So ehrten die deutschen Erbländer, die wohl wußten, wo ihren kaiser= lichen Herrn der Schuh drücke, denselben nach herkömmlichem Brauche bei seiner ersten Heirat durch ein Hochzeitsgeschenk in Geld; die von Unterösterreich gaben 100,000 fl., die von Oberösterreich 45,000 fl. [10]).

Die Corruption war arg. Wie der Finanzminister, so be= reicherte sich auch der ganze Schwarm der Räthe, Buchhalter, Sekretäre, Kanzlisten [11]).

Wenn sich der Kaiser, anstatt seinen Spielgewinn und Spiel= verlust mit kleinlicher Sorgfalt in seinen Krakauerkalender einzu= tragen, in etwas um die Finanzen seines Reiches gekümmert und seinen Minister zu einer Rechnungslegung verhalten hätte; so wären so kolossale Unterschleife nicht möglich gewesen. Aber pedantische Kleinigkeitskrämerei einerseits und unbegreifliche Vertrauensseligkeit im Großen anderseits, das waren zwei hervorstechende Charakterzüge Leopolds.

Wie man überhaupt in Wien die Stellung eines Finanz=

ministers ansah, das veranschaulicht die oft citirte Anekdote aus der Zeit Ferdinand III. von dem Pferde im kaiserlichen Marstalle, welches nicht fett werden wollte. Dem Kaiser, der deswegen in Verlegenheit gerieth, sagte ein Witzbold: „Majestät, machen sie es zum Kammerpräsidenten" [12]).

Die deutschen Fürsten, welche nach Ungarn Hilfstruppen gegen die Türken sandten, ließen den Sold nicht durch die Hände der kaiserlichen Räthe wandern, damit er sich nicht etwa in ihre Taschen verirre, sondern ordneten zur Auszahlung eigene Commissäre ab *).

Die Erzählungen über die Corruption am Wiener Hofe, die der venetianische Gesandte Molin aus dem Jahre 1661 bietet, erinnern lebhaft an jene Betrügereien, wie sie Le Sage in seinem berühmten Sittenroman Gil Blas schildert, wie sie zu Potemkins Zeiten in Rußland im Schwange waren, oder wie sie noch heutzutage in der Türkei oder in Persien geübt werden. Wie der Kaiser betrogen wurde, zeigt Folgendes: Die Halsketten z. B., mit welchen Se. Majestät ab und zu besonders verdiente Unterthanen zu begnaden geruhte, waren gewöhnlich von einer so schlechten Goldlegirung, daß sie nicht einmal die Hälfte des angegebenen Werthes darstellten. Oder aber man beschenkte einen fremden Gesandten — wie etwas Aehnliches Molin selbst passirte — mit einem Diamantring, um ihm denselben am nächsten Morgen wieder abzuverlangen, unter dem Vorwande, es fehle daran etwas. Als Ersatz gab man dann eine werthlose Kleinigkeit.

Ebenso corrupt war die Gerechtigkeitspflege. Battista Nani und Molin sind voll Bewunderung für die gutmüthige Bevölkerung der Erblande, die trotz der hohen Abgaben sich auch noch in dieser Richtung so vieles bieten ließ, ohne zu murren.

Kurzum „in allen Zweigen der Verwaltung findet man Nachlässigkeit und Verschwendung, eine Unzahl untauglicher Beamter und große Bestechlichkeit" [13]).

1) Wolf, Lobkowitz S. 224.
2) Bericht Johann Micheles über seinen Aufenthalt bei Kaiser Maximilian II. (1571). Fontes rerum austriacarum XXX.

---

*) Molin 1661. — Auch Ludwig XIV. leistete im Jahre 1663—64 die erbetene Hilfe gegen die Türken nicht in Geld sondern mit Truppen, damit das Geld nicht etwa eine andere Verwendung finde. Oeuvres 218.

3) Ginbely, Rubolf II. und seine Zeit. Bd. I, S. 36.

4) Siehe z. B. meine Abhandlung über den Aufstand der protestantischen Salzarbeiter und Bauern im Salzkammergute 1601 und 1602. — Linz 1885.

5) Ginbely, Geschichte des böhmischen Aufstandes von 1618. II, 1. C. 10—26.

6) Newald, die lange Münze in Oesterreich. Numismatische Zeitschrift. Wien, 1881 S. 88—132. Newald, Beiträge zur Geschichte des österreichischen Münzwesens während der Zeit von 1622 bis 1650. Blätter des Vereins für Landeskunde von Niederösterreich XII, 1882.

7) Giustiniani.

8) Wolf, S. 225.

9) II, S. 63.

10) Wolf, S. 156.

11) Behse V, S. 64. — Molin 1661 „e cosi molti soggetti in questa Carica hanno in poc'anni accumulati thesori, e somme eccedenti. Non sono credibili le putride mercantie, che da ministri della Camera se pratticano in tutte le cose anco minime".

12) Molin 1661. — Sagredo 1665.

13) Gäbele II, S. 62.

---

7. Philipps IV. Tod. — Ludwig bereitet den Ueberfall der spanischen Niederlande (Belgien) vor.

Am 17. September 1665 starb Philipp IV. von Spanien. Es überlebten ihn aus der ersten Ehe mit Elisabeth v. Bourbon: die Königin Maria Therese von Frankreich; aus seiner zweiten mit Anna von Oesterreich: Margaretha, welche mit Kaiser Leopold verlobt war, und Karl II., der damals vier Jahre zählte. Erst nach dem Tode seines Vaters entwöhnte man ihn der Ammenmilch. Bei der ersten Audienz, welche König Karl den Gesandten gab, hatte man ihn an die Rückseite des Thronsessels gelehnt, der in seinem Zimmer untergebracht war, und seine Wärterin, welche hinter dem Sessel stand, hielt ihn mit einer an seinem Gewande befestigten Schnur fest. „Sein Gesicht war immer niedergeschlagen, der Kopf gesenkt, die Beine kraftlos, der Geist stumpfsinnig; bis zum Alter von fünf Jahren mußte er gestützt werden, war er unfähig, seinen Hut vor den Gesandten abzuziehen und konnte er nur das einzige Wort hervorbringen: „Bedecken Sie sich“. So der Erzbischof b'Embrun, des Königs von Frankreich Gesandter in Madrid ¹).

Später zeigte sich jedoch Karl II. durchaus nicht so geistes= schwach, als dies hier dargestellt erscheint, „wenn auch ein wahr= heitsgetreues Bild von ihm weit mehr Schatten als Licht enthält und er als Monarch eine sehr traurige und für sein Land wahrhaft unselige Rolle gespielt hat“ ²).

Die Königin=Witwe Maria Anna übernahm die Vormund= schaft. Sie hatte viel weniger Geist, aber viel mehr Charakter als ihr Gemahl. Sie liebte Frankreich nicht, sondern fürchtete es. Daher war auch einer ihrer ersten Gedanken der, die zwischen der Infantin Margaretha und dem Kaiser Leopold projektirte Heirath zu schließen ³).

Durch einen geheimen Artikel des Ehecontractes war dem zweiten Sohne aus dieser Ehe unter der Bedingung, daß er zur Erziehung nach Spanien gebracht werde, der Besitz der spanischen Niederlande zugesichert worden. Dieser Artikel konnte aber nicht in Wirksamkeit treten, da bis auf Maria Antonia alle Kinder aus dieser Ehe frühzeitig starben.

Die Königin Regentin ließ sich gänzlich von ihrem Beichtvater, dem Jesuiten Nithard, einem Deutschen, leiten, der auch der Er= zieher ihres Bruders gewesen war.

„Der Beichtvater der Königin“, schreibt sein Bruder in Christo, der Erzbischof b'Embrun, „hat einen ziemlich hochmüthigen Sinn; seine Hauptwissenschaft ist die Scholastik; seine Geschäftskenntniß muß eine sehr mittelmäßige genannt werden. Er hat eine herrische Ausdrucksweise und ist an die Herrschaft über die Gewissen gewöhnt“.

„Sein Geist war unschlüssig, sein Charakter furchtsam, sein Hochmuth außerordentlich groß. Als Nachfolger eines schwachen Königs, als Minister einer blind vertrauensseligen Frau hatte er alle Eigenschaften, um den Ruin der spanischen Monarchie be= schleunigen zu helfen“ ⁴).

Nithard war als Ausländer in Spanien durchaus nicht be= liebt. So erschien bald nach dem Tode Philipps IV. eine Satire: „Catalog von neuen Büchern verschiedener Autoren, gedruckt in Madrid seit dem 17. September des Jahres 1665.“ Eines führte

3*

den Titel: „Der vollständige Günstling mit dem Gewissensfall, vom Pater Beichtiger". Ein anderes: „Wie man sich zu allem brauchen lassen kann, ohne für irgend etwas zu taugen; ein angenehmes Buch, wenngleich von wenig Geist, vom Beichtvater der Königin". Lisola entwirft von seinem Wirken im Bericht vom 12. März 1666 kein allzu schmeichelhaftes Bild[5]). „Es ist hier, meldet er dem Kaiser, ein wahres Babylon. Der Respect, der Gehorsam hört auf. Die Rechtspflege liegt darnieder. Es gibt keine Strafe mehr. Die Verwaltung des Schatzes ist ein unendliches Wirrsal. Alle Schuld wirft man auf den Pater Nithard, der mit aller Ehren= haftigkeit und Frömmigkeit der ihn umringenden Tücke nicht ge= wachsen ist, dessen Ansichten aber auch dieser Zeit nicht entsprechen."

Ludwig XIV. hatte bei seiner Heirath für sich und seine Ge= mahlin feierlich auf den spanischen Thron Verzicht geleistet. Es war ihm nicht geglückt, auf diplomatischem Wege eine Nichtigkeits= erklärung der Entsagungsacte seitens Spaniens zu erlangen.

Das Testament Philipp IV. hielt auch mit allem Nachdrucke den Verzicht der Königin Maria Theresa aufrecht und deutete damit auf einen möglichen Angriff seitens Frankreichs hin[6]).

In der That zeigte Ludwig, gestützt auf die Nichterfüllung einiger im Heirathscontracte Spanien auferlegten Bedingungen bald nach dem Ableben Philipps der Königin = Regentin an, daß er den Ehecontract für gebrochen ansehe und die Rechte seiner Familie zu wahren wissen werde. Das Ableben seiner Mutter, Anna von Oesterreich, im Januar 1666, entband ihn der letzten Rücksichten[7]).

Er bereitete nun diplomatisch und militärisch den schon längst geplanten Ueberfall der spanischen Niederlande vor[8]). Er suchte dabei, um doch einigermaßen den Schein für sich zu haben, das privatrechtlich in einigen belgischen Provinzen Geltung habende Devolutionsrecht, wonach den Töchtern erster Ehe ein Erbrecht vor den Söhnen zweiter Ehe zusteht, staatsrechtlich auf die spanischen Niederlande anzuwenden.

Da der von Seite Frankreichs befürchtete Angriff nicht sogleich

---

*) Schon im März 1662 that b'Embrun in Madrid diesbezüglich Aeuße= rungen. Mignet I, 173. Ebenso war schon in den Verhandlungen zwischen Holland und Frankreich im Jahre 1663 vom Devolutionsrechte die Rede. Mignet I, 183.

erfolgte, begann man sich in Madrid mehr und mehr in Sicherheit zu wiegen. England bot ein Bündniß an. Um dies zu hintertreiben, spielte Ludwig ein Doppelspiel. Er stellte sich als wolle er einen Frieden zwischen Spanien und Portugal vermitteln helfen, obwohl es ja in seinem Interesse gelegen sein mußte, den Krieg zwischen beiden Staaten in die Länge zu ziehen. Ja seine diplomatische Doppelzüngigkeit ging sogar so weit, Spanien und Portugal zugleich ein Bündniß anzubieten. Und der Zweck der kühnen Täuschung: die spanisch-englische Allianz zu verhindern, wurde auch wirklich erreicht *).

Nur Lisola durchschaute das Spiel. Er war zur rascheren Abwicklung der Heirathsangelegenheit vom Kaiser nach Spanien entsendet worden. Er benützte seinen Aufenthalt daselbst, um vor den Plänen Frankreichs zu warnen. In seiner vom Standpunkte eines Spaniers verfaßten Denkschrift sagt er:*) „Es ist Grund vorhanden anzunehmen, daß das Anerbieten der Vermittlung bei Portugal zu desto besserer Verhüllung der Absicht des Einbruches in Belgien dienen soll. Man will uns damit locken, unser Vertrauen gewinnen, damit wir um so lauer werden in den Anstalten zu unserer Vertheidigung".

Zur selben Zeit hatte sich der spanische Gesandte Fuentes in Paris die Abschrift eines Briefes des Staatssekretärs Lionne zu verschaffen gewußt, in welchem die Absicht des Angriffes auf Belgien im Frühling 1667 erörtert wurde. Der Brief wurde im April 1666 im spanischen Staatsrathe verlesen ¹⁰). Fast unglaublich — auch das genügte nicht, weil, wie der französisch gesinnte Penneranda einwarf, der Beweis für die Echtheit des Briefes nicht vorliege. Wen die Götter verderben wollen, den schlagen sie mit Blindheit. Der englische Gesandte Sandwich und Lisola überzeugten sich, daß es zur Zeit nicht möglich sei, den spanischen Staatsrath zur Erkenntniß dessen zu bringen, was Spanien bevorstehe, umsomehr als der französische Gesandte d'Embrun nicht verfehlte, Frankreichs Absichten im friedlichsten Lichte erscheinen zu lassen. Und sein Priesterrock bot ja anscheinend Garantie genug für seine Wahrheitsliebe *).

---

*) Bezeichnend für den jesuitisch-diplomatischen Charakter dieses Kirchenfürsten ist ein Vorfall aus dem Jahre 1661. Der Infant († 1. November 1661)

Man war also in Madrid von den friedlichen Absichten Frankreichs überzeugt! [11])

England war seit dem März 1665 mit Holland in Krieg. Frankreich stand durch die Abmachungen des Jahres 1662 gebunden auf Seite Hollands, nahm jedoch keinen besonders lebhaften Antheil am Krieg.

Sowie Sandwich in Madrid, suchte Carlingford in Wien für ein Bündniß Englands mit dem Kaiser und Spanien zu wirken [12]).

Trotz seiner persönlichen Geneigtheit lehnte der Kaiser vor der Hand ab, hauptsächlich aus Furcht vor dem Rheinbund. Doch wollte er den Frieden zwischen den Seemächten vermitteln helfen, um dann auf Grundlage dieses Friedens eventuell eine Allianz zu schließen. Lisola erhielt zu diesem Zwecke den Auftrag nach London zu reisen. Um nicht den französischen Boden zu betreten, begab er sich in weitem Bogen über Italien, Deutschland, Brüssel nach England, woselbst er erst im December 1666 anlangte. Hier erwartete man ihn nicht ohne Ungeduld, da Sandwich sehr vortheilhaft über ihn und seine Allianzpläne berichtet hatte. Im Januar 1667 bot Lisola die kaiserliche Vermittlung zum Frieden zwischen England und der Republik Holland an. Sie wurde angenommen. „Die Stimmung des englischen Volkes für ein Bündniß mit den beiden habsburgischen Linien ist sehr günstig, der Haß desselben gegen Frankreich sehr groß" — meldet Lisola Ende März 1667 aus London [13]).

Karl II. von England ließ sich indessen, trotz seiner und seines Kanzlers Clarendon scheinbar so entschieden franzosenfeindlichen Aeußerungen Lisola gegenüber mit Ludwig XIV. in Verhandlungen ein, wodurch er sich gegen Abtretung einiger westindischer Inseln im April 1667 auf Königswort verpflichtete, ein ganzes Jahr

---

lag schwer krank darnieder. König Philipp IV. forderte den Erzbischof b'Embrun zur Abhaltung öffentlicher Gebete zu dessen Genesung auf. Nach der damaligen Sachlage wäre aber der Tod des Infanten für die Pläne des Königs von Frankreich ein Glück gewesen. D'Embrun war also in einer Klemme. Er half sich daraus, indem er zwar der Bitte des Königs Philipp willfahrte, dabei aber heimlich, seiner Pflicht gemäß, für das Glück Ludwigs XIV. betete, in der Erwartung, es bald laut thun zu dürfen. Ob sich wohl der liebe Herrgott durch den Kniff dieses geriebenen Nachfolgers der Apostel täuschen ließ? Mignet I, 65 u. ff.

hinburch in keine Verbindung zu treten, welche feindselig gegen Frankreich wäre. Dadurch erst erhielt Ludwig vollkommen freie Hand. Nach dieser Abmachung begann er sich offen für den bel= gischen Krieg vorzubereiten[14]).

Nach Spanien waren die zwei nächstbetheiligten Mächte Holland und Oesterreich. Von Holland hatte Ludwig für den Augenblick nichts zu fürchten, lag ja die Republik noch im Kriege mit England.

Der holländische Rathspensionär de Witt war zwar voll Be= sorgniß vor dem Einbruche Frankreichs in Belgien. Er wünschte zu dessen Schutz Frieden und Freundschaft mit England. Aber er wollte keinen Schritt thun, der den König von Frankreich ent= fremden könnte, bis er nicht Englands völlig sicher war.

Wirkliche Schwierigkeiten konnten Ludwig also nur seitens des Kaisers und des Reiches bereitet werden. Nur eine beträchtliche Anzahl deutscher Truppen vermochte die Niederlande zu retten[15]).

1) Mignet I, 401, 410, 420.
2) Gäbele I, 52—56.
3) Mignet I, 405.
4) Mignet I, 399, 409.
5) Klopp, S. 132.
6) Klopp, S. 128.
7) Ranke III, 314.
8) Klopp, S. 131—141.
9) Klopp, S. 132—134.
10) Klopp, S. 134.
11) Klopp, S. 136.
12) Lettres du comte d'Arlington, au chevalier Temple, contenant une relation exacte des traités de l'evêque de Münster, de Breda, d'Aix la Cha-pelle, et de la triple alliance, avec les instructions données au dit chevalier Temple, au comte de Carlingford, et à Mons. v. Beuningen, et d'autres pa-piers par rapport aux dits traités. Utrecht 1701, S. 18, 33. — Mignet I, 479, 493.
13) Klopp, 141, 143, 146, 384. Arlington letters 128.
14) Klopp, S. 146—156. Mignet II, 43. Oeuvres II, 289.
15) Klopp, S. 144. Mignet II, 138, 158.

8. Die erften refultatlofen Verhandlungen über den Theilungs= vertrag zwifchen Frankreich und Oefterreich.

Einige Monate bevor Ludwig in Flandern einfiel, begann er den Verfuch, Oefterreich für den Fall des Ablebens Karls II. zu einem Theilungsvertrag über die ganze fpanifche Monarchie zu be= wegen. Sein Hauptzweck dabei war, den Kaifer in Unthätigkeit zu erhalten [1]).

Graf Wilhelm Fürftenberg *) follte diefen Vorfchlag in Wien machen und zwar im Namen des Kurfürften von Köln, gleichfam als ein Mittel, den Frieden zwifchen den beiden Häufern zu fichern **).

Am 8. Januar 1667 kam Graf Fürftenberg in Wien an. Am 10. hatte er eine engere Befprechung mit dem Fürften Lobko= witz. Diefer erwiederte auf das Anerbieten, daß es unerhört wäre. Außerdem erfchiene es lächerlich, die Haut des Bären zu theilen, ehe man ihn habe. Schließlich wäre das auch eine fehr delicate Sache, fo daß man kaum davon reden dürfe. Erführen die Spanier da= von, fo würden fie die größten Feinde des Kaifers und feinen Miniftern ins Geficht fpucken. Der Fürft Portia wäre, weil er einen Vorfchlag in diefer Angelegenheit einftmals zu Regensburg angehört hatte, beinahe von Auersperg geftürzt worden. Wenig hätte gefehlt, daß der befagte Fürft Portia, um fich wieder mit dem fpanifchen Hofe auszuföhnen, nicht genöthigt gewefen wäre, feine Stiefeln auszuziehen und fich peitfchen zu laffen.

---

*) Graf Wilhelm war der Bruder des Grafen Egon Fürftenberg, Fürft= bifchofs von Strafburg und Vorftehers des kurfürftlichen Kapitels in Köln; er war Frankreich feit mehreren Jahren ergeben. Diefes hatte ihm als Belohnung in wenigen Jahren mehr als 25,000 Thaler Rente verfchafft, eine für die da= malige Zeit beträchtliche Summe. Mignet II, 325. Ueber feinen Charakter Wagner, S. 213.

**) Mignet II, 325. — So meldet auch Goëffe unter dem 23. Jänner 1667 aus Hannover: „Der Herzog von Neuburg hat, als ich neulich zu Bernburg war, angedeutet, daß Oefterreich und Frankreich in immerwährender Freund= fchaft leben könnten, wenn nur Frankreichs Anfprüche auf die Niederlande in etwas gebilligt würden und in Bezug auf Spanien ein Abkommen ge= fchloffen werden möchte! K. k. A.

Am 11. hatte der Graf Fürstenberg eine Audienz beim Kaiser. Ohne sich offen über die Mission auszusprechen, schien Leopold einem solchen Uebereinkommen nicht abgeneigt. Alle Minister bis auf den Fürsten Auersperg wünschten die Einigung Ludwigs und Leopolds. Den Fürsten Auersperg hoffte Graf Wilhelm durch die Aussicht auf den Kardinalshut zu ködern.

Als er in dieser Richtung neuerlich den Fürsten Lobkowitz, Auersperg und den Grafen Schwarzenberg zu gewinnen suchte, verwiesen ihn diese direkt an den Kaiser. Sie sagten, die Angelegenheit sei so heikler Art, daß sie ins Verderben gestürzt werden könnten, wenn die Spanier davon erführen. Am 9. Februar hatte Graf Wilhelm abermals Audienz beim Kaiser. Dieser wies den Antrag vorderhand nicht ganz zurück, er müsse ihn noch genauer überlegen. Er fürchtete eben, sich dem Mißvergnügen der Spanier auszusetzen und dem Gelächter der ganzen Welt darüber, daß man ein Gut theilen wolle, worauf ja beide (Leopold und Ludwig) erst nach dem Tode des Königs von Spanien Anspruch erheben könnten. Die Hauptschwierigkeit lag, wie der Graf Sinzendorf sich Grémonville gegenüber äußerte, in der Person des Grafen Wilhelm, weil seine Brüder dem Hause Oesterreich feindlich gesinnt waren*). Man witterte auch irgend eine geheime Absicht des französischen Königs dahinter, der ja, wenn er seine Absicht erreicht hatte, den Grafen Wilhelm leicht desavouiren konnte. Außerdem war das Projekt bereits bekannt geworden.

Grémonvilles Ansicht ging dahin, daß der Kaiser selbst dieses Anerbieten anzunehmen wünsche, aber daß er es nicht wage und keinen Entschluß ohne die Zustimmung der Spanier fassen werde.

Da sich Graf Fürstenberg dem Grafen Lamberg gegenüber zu allgemein über des Königs Ludwig Verhalten zu dem Projekte aussprach, da ferner der spanische Gesandte Graf Malagon eine Audienz bei dem Kaiser nahm und sich bitter darüber beklagte, daß man solche Vorschläge anhöre, wurde nach drei Rathssitzungen die Weigerung des Kaisers mitgetheilt.

Der Kaiser, schrieb Graf Wilhelm am 6. März 1667 aus

---

*) Fürstenberg sagte selbst zu Wicka: „Man habe ihn in Wien für parteiisch oder suspect gehalten." Paris am 27. Mai 1667. K. k. A.

Wien an Lionne, hat mir durch den Grafen Lamberg sagen lassen, daß er dem Kurfürsten für seine Bemühungen sehr Dank wisse, aber daß er hinsichtlich des eventuellen Theilungsvertrages den König von Frankreich für zu billig denkend halte, um auf eine Erbschaft Anspruch zu erheben, auf die sowohl er (Ludwig) als die Königin so feierlich verzichtet hatten, und daß er andrerseits den König für viel zu klug und scharfsinnig halte, um nicht zugeben zu müssen, daß, selbst wenn die Verzichtleistung null und nichtig wäre, **der Kaiser weder Ehren halber noch aus Staatsraison sich in eine solche Unterhandlung ohne Wissen und Willen der Spanier, so lange ihr König lebe, einlassen dürfe.**

Sieben Monate später hatte man diese gesunde Moral gänzlich vergessen.

1) Diese Darstellung nach Mignet II, 324—334. — Wolf 161.

9. Ludwigs Einmarsch in Belgien und der Eindruck dieses Ereignisses auf den Wiener Hof.

Oesterreich war zu Beginn des Jahres 1667 in einer ganz günstigen politischen Lage. Der Vasvárer Friede (1664) hatte dem Kaiser von Seiten der Türken Ruhe verschafft. Von dort her war also augenblicklich nichts zu befürchten. Leopold konnte sein ganzes Augenmerk nach dem Westen richten.

Indessen wußte Ludwig sehr genau, mit wem er es zu thun hatte*). Er baute bei seinem Unternehmen vor allem auf die be=

---

*) Ludwig sah die Hauptaufgabe eines Herrschers darin, die Gemüthsart und die schwachen Seiten aller fremden Fürsten und Minister zu ergründen. Oeuvres S. 22. Ein Gegenstück zu der Art und Weise, wie Ludwig die Schwächen Leopolds auszunützen verstand, bildet sein Vorgehen in England, woselbst die sinnliche Liebe in der Gestalt eines blendend schönen Weibes in's Feld rücken ließ und den König und das Parlament abwechselnd bestach, Hof und Parlament gegen einander ausspielte. Macaulay I, S. 248—252. Vgl. Ranke, Englische Geschichte.

kannte Unentschlossenheit Leopolds und seiner Minister. Gelang
es, ihn unvorbereitet zu treffen, dann war schon viel gewonnen:
„Wenn man die hiesigen Leute überrascht, schrieb Grémonville zu
Beginn des Jahres 1667 an seinen König, brauchen sie wohl ein
Jahr bis sie zu einem Entschlusse kommen" [1]).

In Wien hatte man sich, offenbar durch Grémonvilles scheinbar so aufrichtige Aeußerungen beeinflußt, die Pläne Frankreichs
nach dem eigenen Friedensbedürfniß zurecht gelegt. Der kaiserliche Botschafter in Madrid erklärte September 1666 dem Erzbischof d'Embrun die Dinge mit „deutscher Aufrichtigkeit" dahin,
daß man am Wiener Hofe glaube, der König von Frankreich werde
in Anbetracht der Kränklichkeit des Königs von Spanien dessen
baldigen Tod abwarten, um dann Anspruch auf die ganze Nachfolge zu erheben, vor der Zeit aber nichts unternehmen [2]).

Am 19. Mai 1667 begab sich König Ludwig zur Armee und
fiel in die Niederlande ein. Castel Rodrigo, der Statthalter der
Niederlande, hatte dieses Ereigniß schon zu Anfang März voraus-
gesehen und demgemäß nach Madrid berichtet [3]).

Die friedlichen Versicherungen des Königs Ludwig zum spanischen Gesandten Fuentes *) in Paris noch in der Audienz vom
5. April 1667 und diejenigen d'Embruns in Madrid bewirkten indessen, daß die patres conscripti, wie Lionne höhnend den spanischen
Staatsrath nannte, das nicht wahrnahmen, was ganz Europa herankommen sah [4]).

Am 17. Mai 1667 wurde endlich der spanische Hof durch
d'Embrun offiziell von Ludwigs Plänen auf die Niederlande ver-
ständigt. Darob nicht geringe Bestürzung und Verwirrung in
Madrid. Der Pater Nithard sagte bei diesen unerwarteten Eröffnungen zum Erzbischof d'Embrun zwei bis dreimal mit scharfer
Betonung: „Sie haben Ihrem Könige sehr wohl gedient". Der
Kirchenfürst that, als verstände er nicht, was jener meine. In
seinem Berichte an Lionne freute er sich gleichwohl seines jesuitischen Schelmenstückleins. Da ihm aber seine apostolische Würde
den Zwang auferlegte, auch in dieser Richtung den Schein zu

---

*) Fuentes selbst beurtheilte indessen diese Versicherungen nach ihrem richtigen
Werthe. Er kündigte seinem Hofe den nahen Beginn des Krieges an.

wahren, so bemerkte er in seinem Schreiben unter andern: „Es ist ein gutes Mittel in der Politik, den eigenen Gesandten zu täuschen, und ich beklage mich nicht, in diesem Falle zu sein." „Freilich", fährt der würdige Diener Gottes fort, „habe ich nun hier jeden Credit verloren; denn sie hätten auf mein Wort geschworen, daß der Friede dauerhaft sein würde, was ich ja durch so viele schöne Gründe bekräftigte."

Indessen blieb d'Embrun in Madrid und erhielt den Auftrag, die Verhandlungen geschickt in die Länge zu ziehen[5]).

Auch in Wien wiegte man sich in einer unbegreiflichen Selbst= täuschung. Noch am 20. Mai meinten Auersperg und Lobkowitz in einer Sitzung des geheimen Rathes, der Krieg sei nicht gewiß, man solle durch diplomatische Thätigkeit wirken[6]).

Die Verblendung, welche die spanischen Minister gefangen hielt, hatte sich auch den Räthen des Kaisers mitgetheilt. Den Berichten der eigenen Gesandten wurde weniger Glauben geschenkt, als den Behauptungen Grémonvilles. Schon im Februar hatte Wicka gemeldet, daß er auf seiner Reise nach Paris in der Champagne auffallend große Truppenansammlungen verspürt habe[7]).

Ebenso berichtete Lisola unter dem 24. Februar 1667 aus London: „Nach hieher aus Frankreich eingelangten Briefen geht allenthalben die Rede, daß noch in diesem kommenden Frühjahr der Angriff auf Belgien unternommen wird"[8]).

Auch Goësse meldet aus Berlin unter dem 21. Februar nach Wien: „Es ist hierher s i c h e r e Kunde gekommen, daß der König von Frankreich beschlossen habe, die spanischen Niederlande zu atta= quiren."

Und wenn Wicka auch in Paris fand, daß daselbst im Gegen= satze zum Wiener Hofe „sehr schwierig zu negotiiren und die Secreta zu penetriren seien*), in Bedenkung die mehristen Negotia nur dreien Ministris communicirt werden, welche sie in höchster Stille und große Obacht darauf und auf ihre Leute halten"; wenngleich Lionne sich wiederholentlich mit der allerdings nichtssagenden Floskel gegen ihn ausließ, des Königs Absicht sei, mit dem Kaiser in guter

---

˙ *) Ludwig befolgte darin auf's Genaueste den Rath Mazarins, über die obschwebenden Verhandlungen undurchbringliches Geheimniß zu beobachten, da dieses allein den Erfolg verbürge. Mignet LI.

Freundschaft zu verharren, so konnte er doch schon unter dem 8. April nach Wien berichten, es werde bereits von vielen gemuthmaßt, daß der König in Bälde „ein Absehen auf die Niederlande habe". Am französischen Hofe galt eben das Sprüchwort: Buone parole, tristi fatti [9]).

Unter demselben Datum (8. April) meldete auch Lisola aus Brüssel, er habe von Paris verläßliche Nachricht erhalten, daß die Frage, Belgien' zu überfallen, im königlichen Rathe ernstlich berathen worden sei, wenngleich noch kein bestimmter Beschluß vorliege [10]).

Man fürchtete in Paris ein entschiedenes Auftreten des Kaisers sehr. Wicka wurde deswegen auch mehrmals von französischen Agenten über die Pläne des Kaisers ausgeforscht.

Ganz offen that dies der Marschall de Grancey, als sich Wicka ins Lager zum König begab und bereits die allgemeine Ansicht vorherrschte, daß man vor Ende Mai nach den Niederlanden mar= schiren werde. Wicka vermochte auf die Frage Granceys, was der Kaiser in einem solchen Falle zu thun gedenke, nichts anderes zu erwidern, als daß er von Rüstungen des Kaisers nichts wisse, da ja dieser durchaus nicht glauben könne, der König werde einen Krieg anfangen.

Die Besorgniß des französischen Hofes *) vor einem allenfall= sigen, energischen Einschreiten des Kaisers wurde indessen zerstreut, als anfangs Mai Graf Wilhelm von Fürstenberg in Paris an= langte und berichtete, daß man in Wien an einen Krieg nicht denke, nachdem man alles in allem nur über 18,000 Mann verfüge, wo= von ein Theil an den türkischen Grenzen benöthigt werde [11]).

Erst als durch Castel Rodrigos Depeschen vom 5. Mai der Einfall der Franzosen in die Niederlande in sichere Aussicht ge= stellt wurde, rüttelte dies die durch Grémonvilles Betheuerungen eingelullten Geister am Kaiserhofe in etwas auf. Zwei außer= ordentliche Conferenzen fanden statt. Man war fest entschlossen, sogleich Hilfe schicken zu wollen, wenn die Kriegserklärung erlassen werde. Doch hielt diese heldenmüthige Stimmung nicht lange an.

---

*) Es war damals in Paris viel die Rede davon, daß der Kaiser bereits dem Fürsten v. Sulzbach Ordre ertheilt hätte, mit 15,000 Mann zur Defension der Niederlande aufzubrechen.

Um den Eindruck von Castel Robrigos Depeschen abzuschwächen, nahm Grémonville Audienz beim Kaiser und betheuerte, daß ihm von ähnlichen Absichten seines Herrn und Königs nichts bekannt sei, daß er aber in jedem Falle hoffe, der Kaiser werde mit Frankreich auf gutem Fuße bleiben und den Vertrag von Münster genau respektiren. Der Kaiser bemerkte darauf, daß er trotz der erhaltenen Nachrichten, noch immer nicht an den beabsichtigten Einfall Ludwigs glauben könne, da er ja seinem eigenen Hause gelte, dem er Freundschaft und jede Art Beistand schulde.

Aber kurz darauf (am 25. Mai abends) lief an Grémonville eine vom 13. Mai datirte Depesche Ludwigs ein, worin seine Absicht, in Flandern einzuziehen, offen dargelegt war. Grémonville bewarb sich alsogleich um eine Audienz beim Kaiser. Sie wurde ihm für den nächsten Tag, den 26. Mai, bewilligt. „Ich begab mich", sagt der französische Gesandte in seinem Berichte an den König, „eigens nach Laxenburg zur Essenszeit ihrer kaiserlichen Majestäten, um es zu vermeiden, früher mit den Ministern zu sprechen, damit ich den Gefühlen des Kaisers besser auf den Grund nachspüren konnte."

Als Grémonville die Absichten Ludwigs auf Flandern darlegte, erbleichte der Kaiser ganz auffallend, insbesonders bei dem Passus, daß der König in Person an der Spitze seines Heeres in Flandern einziehen werde. Der Kaiser hielt sich auch in seiner Antwort gegen seine sonstige Gewohnheit sehr reservirt und gab nur seiner sichtlichen unangenehmen Ueberraschung in einigen allgemeinen Redensarten Ausdruck, gleichwohl aber mit dem Wunsche, wie bisher mit König Ludwig in gutem Einverständniß zu bleiben. Er werde das Mitgetheilte ernstlich in Erwägung ziehen; lieber den Weg der Güte als der Gewalt betreten; übrigens verpflichten ihn Ehre und Gewissen, die Interessen seines Hauses nicht im Stiche zu lassen[12]).

Um Leopolds Unschlüssigkeit neue Nahrung zuzuführen, hatte Grémonville auch einfließen lassen, die Dinge wären noch lange nicht so weit gediehen, daß der Kaiser gefährliche Folgen nicht durch irgend einen annehmbaren Vorschlag verhindern könnte.

Man hielt sich in Paris überzeugt, daß Leopold schließlich doch durch die Umstände gezwungen werden würde, gegen Frankreich

zu Gunsten Spaniens in die Schranken zu treten *). Deshalb
gab Ludwig zugleich mit der Nachricht vom 13. Mai Grémonville
die Instruktion, daß, im Falle der Kaiser etwa den Entschluß fassen
sollte, Truppen nach den Niederlanden zu entsenden, die Ungarn
ins Spiel zu bringen wären, indem man ihnen die Unterstützung
des französischen Königs bei einem eventuellen Aufstande in Aus=
sicht stellte **).

Nach der Audienz besuchte der französische Gesandte der Reihe
nach die Minister, berichtete ihnen die Ansprüche seines Herrn und
gab zu verstehen, daß in Spanien die Königin Mutter und die
Regierung damit einverstanden seien. Auersperg war sehr unge=
halten darüber, daß man den kaiserlichen Hof so genarrt und ein=
geschläfert habe. Schwarzenberg sah die Zukunft in den schwärze=
sten Farben; die Königin könne als Vormünderin nicht über die
Landschaften verfügen. Lamberg war ganz bestürzt und meinte, der
Kaiser müsse seinem Hause beispringen. Gonzaga antwortete kurz,
die Sache werde noch überlegt werden. Graf Sinzendorf, der
Finanzminister, gefiel sich in witzelnder Selbstironie über die leeren
Staatssäckel [13]).

Fürst Lobkowitz sprach sich am offensten über das „schöne
Vergnügen“ ***) aus, das Grémonville dem kaiserlichen Hofe bereitet.
Der Kaiser wäre durchaus nicht auf einen ähnlichen Entschluß vor=
bereitet gewesen. Auf das schmeichelnde Drängen Grémonvilles
erklärte Lobkowitz, er werde sich mit vollem ganzen Herzen für ein
Abkommen zwischen Frankreich und Spanien einsetzen. Einen dies=
bezüglichen Vorschlag wollte jedoch Grémonville nicht machen,
sondern erwartete die Initiative dazu kaiserlicherseits †). Lobkowitz

---

*) Gleichwohl stellte sich Lionne sehr zuversichtlich. Er sagte zu Wicka:
die Unternehmung gegen die Niederlande sei so viel als geborgen. Das deutsche
Reich und der Kaiser werden sich derselben nicht annehmen. (Paris am 20.
Mai 1667. Wicka an Leopold.) K. k. A.

**) Diese Verbindung mit den unzufriedenen ungarischen Großen stammt
schon aus dem Jahre 1665. Grémonville kam während des Winters 1667/68
mehrmals insgeheim mit Nádasdy und Zrini zusammen. Siehe darüber Wolf,
236—284.

***) beaux amusements.

†) Fürstenberg deutete übrigens Wicka an, daß sich Ludwig mit der Ueber=
gabe der Grafschaft Burgund, Luxemburgs, des Limburgerlandes, Cambrays

nahm es demgemäß auch auf sich, zur Stunde den Kaiser aufzu=
suchen, um ihn zu überreden, uneingeschränktes Vertrauen zu Gré=
monville zu fassen, damit ihm dieser offenbare, was den König
von Frankreich befriedigen könne [14]).

Die bedeutsame Nachricht von Ludwigs Marsch gegen die
Niederlande verbreitete sich noch selben Tages am ganzen Hofe und
Grémonville bekam überall zu hören, daß dies für den Kaiser einen
casus belli bilden müsse. Conferenzen über Conferenzen wurden
gehalten.

Ende Mai langte auch von Lisola aus Brüssel ein Bericht
ein (datirt vom 18. Mai 1667), in welchem dem Kaiser gehörig
ins Gewissen geredet wird [15]). „Ich maße mir nicht an", heißt es
darin, „über die Frage zu urtheilen, ob es dem Gesammtinteresse
Euer kaiserlichen Majestät entspricht, in den Krieg miteinzutreten.
Ich kann nur die Frage aufwerfen, ob Euere Majestät
unbeschadet Ihrer Ehre und Würde, einen minder=
jährigen König, Ihren Neffen und Schwager, der un=
gerechtesten Unterbrückung preisgeben dürfen. Die
Folge würde sein, daß das Band der Freundschaft, welches bisher
die beiden Linien des Gesammthauses geeinigt, und welches bisher
den Vorfahren beiderseits als der Eckstein des gemeinsamen Heiles
gegolten hat, unwiederbringlich sich lösen würde.... Ich vermag
die Mittel Euerer Majestät nicht richtig zu schätzen.............
..... Aber eines wage ich in aller Unterthänigkeit
auszusprechen: das Heil des Hauses Oesterreich liegt
einzig und allein im muthigen und thatkräftigen Ent=
schlusse.... Ich weiß endlich mit Gewißheit, daß England und
die Republik zum Bunde mit uns geneigt sind." Was war die
Antwort auf dieses stürmische Drängen? — Der Kaiser sei zur
Zeit nicht im Stande, einen Krieg zu führen.

Warum zaudere auch Spanien mit der Sendung der Subsi=
dien? Uebrigens solle Lisola nach England zurückkehren und ein
Bündniß betreiben [16]).

1) Mignet II, 158.

---

und anderer Plätze, so herwärts der Mosa liegen, „begnügen" würde. Paris
am 27. Mai 1667. Wicka an Leopold. K. k. A.

2) Mignet I, 493.

3) Mignet II, 53, 55, 62.

4) Klopp, S. 161.

5) Mignet II, 99, 109, 183.

6) Wolf, Lobkowitz S. 163.

7) Paris, 16. Februar 1667 v. Wicka an Leopold. K. k. A.

8) Klopp, S. 147.

9) Berichte aus Paris vom 18. Februar, 25. März, 15. April, 13. Mai 1667.

10) Klopp, S. 157.

11) Berichte aus Paris vom 22. und 29. April, 6. Mai. — Mignet II, 56.

12) Mignet II, 147—151, 152, 154.

13) Mignet II, 157. — Wolf, S. 164.

14) Mignet II, 156.

15) Klopp, S. 178, 179.

16) Kaiserliches Schreiben an Lisola vom 30. Mai 1667. Klopp, S. 180.

---

10. Stellungnahme der Fürsten im Reiche.

Man wollte also in Wien etwas für Spanien resp. die Nieder=
lande thun — nur sollten Andere vorangehen. Ohne Zustimmung
des Reiches konnte der Kaiser freilich nichts unternehmen. Er
mußte daher alles aufbieten, die deutschen Fürsten zur Vertheidigung
der spanischen Sache zu bewegen.

Durch den Frieden zu Münster war die deutsche Kaiserwürde
fast zu einem Schattenbild herabgesunken*), da ja darin sämmtlichen
Ständen das Recht zuerkannt worden, Bündnisse unter sich und
mit Auswärtigen, außer gegen Kaiser und Reich, zu schließen.
„Das deutsche Reich", schrieb de Witt in seinem Mémoire vom
März 1664, „ist nur mehr eine Chimäre, ein Skelett, dessen einzelne
Theile nicht mit Sehnen sondern mit Messingdraht befestigt sind,
und die keine natürliche Bewegung haben" [1].

---

*) Der westphälische Friede stellte Deutschland Oesterreich gegenüber und
ordnete den Kaiser dem Reiche unter. Mignet I, XLVIII. — Mit diesem Frieden
hatte Deutschland als solches politisch abgedankt. Es war nur noch mehr die
große Fleischkammer, aus der sich im Bedarfsfalle die verschiedensten europäischen
Staaten mit „Material" versahen, um ihre Streitigkeiten auszufechten. Battista
Nani 1658.

Diese Ordnung der Dinge war nach französischer Auffassung
— für die deutsche Freiheit sehr vortheilhaft und — der Politik
Frankreichs sehr nützlich [2]).
Ludwig XIV. sagt selbst ganz richtig: „Die deutschen Kaiser
sind eigentlich nur mehr die Generalcapitäne einer deutschen Re=
publik. Ihre wichtigsten Beschlüsse sind den Berathungen der Reichs=
stände unterworfen; man zwingt ihnen bei der Wahl die willkürlich=
sten Bedingungen auf. Die meisten Mitglieder der Republik, d. h.
die deutschen Fürsten, oder die freien deutschen Städte fügen sich den
kaiserlichen Befehlen, nur so weit es ihnen in den Kram paßt" [3]).
Die gesammten Einkünfte Leopolds in seiner Eigenschaft als
Kaiser beliefen sich auf 13,844 Gulden 32 Kreuzer jährlich [4]).
Daß trotzdem die Habsburger zäh an der Kaiserwürde fest=
hielten, ist begreiflich; gab sie ja doch erst den übrigen dynastischen
Rechten die höhere Weihe [5]).
Abgesehen vom Titel brachte die kaiserliche Würde Leopold
noch immer den Nutzen, daß er sich in die Streitigkeiten der deut=
schen Fürsten im Reich unter einander mischen konnte; daß er durch
den Reichshofrath in der Lage war, nicht nur in allen Lehens=
sondern auch in anderen Streitigkeiten zwischen den Ständen einen
Richter abzugeben, und daß er schließlich den Ursprung aller Würden
im Reiche darstellte [6]).
In Bezug auf das Verhältniß der deutschen Fürsten zum
Hause Oesterreich galten im allgemeinen noch immer die Worte
Battista Nanis aus seinem Berichte vom Jahre 1658: „Die
Fürsten des Reiches sind Feinde der Oesterreicher, wenn diese sich
im Glücke, Freunde, wenn sie sich im Unglück befinden; sie sehen
das Haus Oesterreich als eine nothwendige Pflanze an, die zu hoch
überflüssig viel Schatten wirft, und zu niedrig nicht hinreichenden
Schutz gewährt".
Da es Ludwig XIV. nicht gelungen war, Leopolds Wahl zum
deutschen Kaiser zu hintertreiben, suchte er sich durch die Bildung
des ersten Rheinbundes (1658) schadlos zu halten. Er wurde
ursprünglich geschlossen zwischen Mainz, Köln, dem Gesammthaus
Lüneburg, Hessen=Cassel, Münster, Pfalz=Neuburg, Schweden und
Frankreich.
Die Spitze dieses Bundes war offenbar gegen den Kaiser ge=

richtet; denn durch den Artikel 13 der rheinischen Allianz ver=
pflichteten sich die Fürsten, Truppen, welche gegen den französischen
König verwendet werden sollten, den Durchzug nach Flandern nicht
zu gestatten. Der eigentliche Zweck war also, der deutschen Linie
des Hauses Habsburg die Möglichkeit zu benehmen, der spanischen
Linie beizuspringen.

Der Passus: „Alle Fürsten und Kurfürsten wahren sich dabei
gleichwohl die Treue, welche sie dem Reiche, ihrem Vaterlande,
ihrem Kaiser schulden" — klingt wie reine Ironie; er war offen=
bar nur aufgenommen worden, um dem Wortlaut des Münster'schen
Friedens gerecht zu werden.

„Durch diesen Rheinbund hatte nun Ludwig im deutschen
Reiche einen Einfluß gewonnen, welcher der Autorität des Kaisers
wenigstens in den westlichen Kreisen entweder gleich kam oder sie
vielleicht noch überwog"[7]).

„Diese Allianz gab dem Könige von Frankreich Gelegenheit,
seine Freunde und seinen großen Credit im Reiche zu unterhalten,
sie öffnete ihm die Thüre, um seine Minister indirect zu allen Be=
rathschlagungen des Reiches einzuführen, sie machte ihn zum Mit=
glied des Rathes der deutschen Fürsten, ohne ihn davon abhängig
zu machen, und erleichterte es ihm so ungemein, die Pläne des
Hauses Oesterreich zu durchkreuzen"[8]).

Ludwig war also das eigentliche Oberhaupt des Reiches.
Der Rheinliga trat im Jahre 1661 der Kurfürst von Trier,
1664 unter anderen auch der Kurfürst von Brandenburg bei.
Mit diesem wie mit dem Kurfürsten von Sachsen schloß Ludwig
Verträge zu gegenseitiger Vertheidigung, wenn sie gegen die Be=
stimmungen des westphälischen Friedens angegriffen würden.

Der Kurfürst von Sachsen verpflichtete sich außerdem noch
durch geheime Artikel, gegen eine entsprechende Geldentschädigung,
sowohl im Kurfürstencollegium als beim Reichstage nach dem
Wunsche Ludwigs seine Stimme abzugeben[9]).

Durch reiche Geldspenden vermochte Ludwig schließlich noch
die Kurfürsten von Mainz und Köln, den Herzog von Neuenburg
und den Bischof von Münster*), mit ihm engere Allianzen ein=

---

*) Der Bischof von Münster war, wie Lisola in zwei Flugschriften aus

4*

zugehen, damit der Kaiser verhindert werde, dem bedrohten Flandern
Hilfe zu schicken [10]).

Ludwig hatte demgemäß vollauf Grund, mit den meisten deut=
schen Fürsten zufrieden zu sein, da sie ja die schmachvolle und ent=
würdigende Trinkgeldertheorie in so ausgedehntem Maßstabe zur
Staatsmaxime erhoben [11]).

Lionne aber, der es liebte, im Vollgefühle der Macht Freund
und Feind zu verhöhnen, ließ sich dem Gesandten eines kleinen
deutschen Hofes gegenüber halb spottend darüber aus, daß die
Uneinigkeit der deutschen Fürsten Frankreich das Spiel sehr er=
leichtere *).

Der Rheinbund, der bereits 1660 und 1663 erneuert worden
war, sollte mit dem 15. August 1667 ablaufen. Am Vorabende
des Einfalls in Flandern suchte Ludwig denselben ein drittes Mal
zu erneuern. Diesmal aber traf er auf einen entschiedenen passiven
Widerstand, der hauptsächlich durch Brandenburg und Braun=
schweig genährt wurde [12]).

Baron Goësse machte zum Schlusse des Jahres 1666 eine
Reise nach den Niederlanden. Auf dem Rückwege hielt er sich
einige Zeit an mehreren kleinen deutschen Höfen auf. Sein Bericht
aus Hildesheim vom 17. Januar 1667 gibt über den eigentlichen
Grund von Braunschweigs nun veränderter Politik einige recht
interessante Aufschlüsse. In diesem Berichte heißt es nämlich unter
anderen: „Bin vorgestern zu Hannover angekommen. Herzog Jo=
hann Friedrich besteht auf der Heirath mit Ew. Majestät ältesten
Frau Schwester. Er meint, dies sei für die kais. Majestät von Vor=

---

dem Jahre 1673 ausführt, der geldgierigste unter den deutschen Fürsten. „Er
hatte nur für das Interesse, was seine Koffer füllte, und hätte selbst dem Teufel
für Geld gedient.“

*) v. Wicka an Leopold, Paris am 20. Mai 1667. Bezeichnend für die
damaligen Zustände in Deutschland ist auch der folgende Passus: „Der heidel=
bergische Gesandte hat mir ferner angezeigt, daß auf das Geschrei hin, der König
von Frankreich habe ein Absehen auf die Niederlande, ihm viele Grafen und
Herren aus Deutschland zugeschrieben hätten, er möge ihnen königliche Dienste
proponiren.“ Unter dem 9. Dezember 1667 schreibt Wicka: „Der junge Prinz
von Salm wartet allhier dem König auf in einem Livrée=Rock, gleich andern
Gardes du Corps, und soll Se. Maj. den Gedanken gefaßt haben, eine Leib=
Guardi-Compagnie von 100 deutschen Edelleuten aufzurichten.“

theil, da sich dann seine Brüder ganz mit dem Erzhaus vereinen würden. De Groote gab mir zu verstehen, daß, wenn Ew. kaif. Majestät Schwester einem andern gegeben und ihm dafür die Prinzessin zu Innsbruck zuerkannt würde, dies dem Herzog auch recht wäre. Worauf ich erwiderte, daß, wenn Ew. Majestät verwitwet wären, Sie keine andere Gemahlin als die Prinzessin nehmen würde." (Also in der Reserve!) — „Der Herzog beharrt demnach auf der Heirath mit Ew. Majestät ältesten Schwester, und bezüglich der jungen Jahre und schwachen Complexion derselben antwortete er, es gebe die Erfahrenheit, daß die jungen Fräulein im Ehestand ihre Complexion gemeiniglich ändern. Er müsse wissen, woran er sei; denn er werde von seinen Brüdern stark gedrängt, in die rheinische Allianz einzutreten. — Was die zweite Prinzessin in Innsbruck betrifft, so ist zu bedenken, daß der status rerum des Herzogs, dessen Jahre und viel weniger seine Corpulenz eine lange Verzögerung nicht zuließen. — Ich wünsche sehr, daß mit dem Haus Braunschweig ein Bündniß zu Stande komme, weil man mittels einer Verbindung mit demselben die rheinische Allianz brechen oder doch schwächen könne, zumal Brandenburg, Münster, Neuburg und vielleicht auch Köln dazu zu disponiren sein mögen. Die Holländer würden sich dann auch mehr von Frankreich absondern".

Als der Einfall wirklich erfolgte, wurde die Stimmung für Frankreich natürlich nicht besser; denn allmählich mußten dem naivsten Gemüthe über die Endziele der französischen gewaltthätigen Politik die Augen aufgehen.

Bei dieser dem Kaiser verhältnißmäßig günstigen Sachlage versuchte es nun in Regensburg der außerordentliche kaiserliche Gesandte Kardinal Thun, für eine Unterstützung der Niederlande zu wirken.

„Die Minister des Hauses Oesterreich", berichtet Gravel unter dem 4. Juni nach Paris, „klopfen an alle Thüren und schreien aus Leibeskräften um Hilfe" [13]).

Robert de Gravel, ein Mann von großer Gewandtheit und Fähigkeit, war seit dem Jahre 1658 der Resident Frankreichs beim Reichstage zu Regensburg [14]). Er hatte einen hübschen Strauß auszufechten. Es bildeten sich zwei Parteien: die eine wollte, daß das Reich dem burgundischen Kreise beispringe; die andere, daß sich das Reich neutral verhalte. Zur ersteren gehörten Brandenburg und Braunschweig. Beide Parteien hielten sich eine lange Zeit so ziemlich das Gleichgewicht [15]).

Graf Sinzendorf begab sich nach Mainz. Er hatte hier am 15. Juni Audienz beim Kurfürsten. Dieser meinte, der Kaiser solle Spanien zur Nachgiebigkeit bewegen, dann werde sich Frankreich mit wenigem begnügen.

Man müsse versuchen, diese Streitigkeit durch eine Mediation beizulegen, maßen auch eine solche collegialiter bereits resolvirt sei; es handle sich nur mehr noch um den Ort, wo darüber berathen werden solle *).

Unter dem heuchlerischen Vorwande, dem Reiche den Frieden sichern zu wollen, erklärte der Kurfürst, Truppen den Durchzug durch seine Lande nicht zu gestatten. Die Bemühungen Sinzen- dorfs, den Kurfürsten zu einer Auflösung des Rheinbundes zu bewegen, waren umsonst. Um dem Rheinbund das Spiel zu er- leichtern, hatte Ludwig selbst den Durchzug durch Deutschland für einen Truppenkörper von 12—14,000 Mann verlangt, die den Polen gegen die Türken zu Hilfe kommen sollten. Dieses Ansinnen wurde zurückgewiesen und diente dann als Vorwand, auch dem Kaiser den Durchzug zu verweigern [16]).

Der Kurfürst von Trier erklärte unter dem 30. Juni, „er könne von der vorhabenden Mediation nicht anders erachten, als daß sie unfruchtbar ablaufen werde, wolle dieselbe jedoch gern mit unternehmen. Hinsichtlich der Verlängerung der rheinischen Allianz improbire er allerdings dieselbe, doch könne er allein nichts machen. Er werde indessen seine Gesandten zu Regensburg dahin instruiren, daß sie sich hierin nicht erklären sollten, bis alle anderen unter- schrieben hätten". Pfalz-Neuburg und Kur-Köln äußern sich unter dem 6. und 10. Juli ähnlich wie Mainz [17]).

Gerade dort, wo am meisten Neigung vorhanden war, gegen Frankreichs Gelüste auf die Niederlande in die Schranken zu

---

*) Schon im April hatte Kursachsen bei Brandenburg angefragt, ob da- selbst Geneigtheit vorhanden wäre, daß das kurfürstliche Collegium seine Inter- position zur Beilegung der Differenz zwischen Frankreich und Spanien anbiete. (Dresden am 23. April 1667.) — Kurbrandenburgs Antwort lautete bejahend mit der Bemerkung, man möge sich beeilen. (Berlin am 5. Mai 1667.) K. k. Archiv.

treten, in Berlin, that der Kaiser merkwürdigerweise anfangs gar
nichts, um die günstige Situation für sich und sein Haus aus=
zunützen.

Theilweise mag der Grund darin zu suchen sein, daß es
dem streng katholischen Leopold widerstrebte, mit den protestantischen
Fürsten Deutschlands sich zu weit einzulassen. War ja eine der
Hauptmaximen der augustissima casa nach Lisolas Darlegungen in
seinem Bouclier d'Etat diese, die Religion der Staatsraison voran=
zustellen. Die wiederholten Mahnungen und Bitten protestantischer
Fürsten, Leopold möge in seinen Erblanden den Bekennern des
protestantischen Glaubens mehr Duldung angedeihen lassen, mußten
dem strenggläubigen, im jesuitischen Geiste erzogenen Kaiser höchst
widerwärtig erscheinen *).

Der große Kurfürst, Friedrich Wilhelm, war trotz seiner äußer=
lichen Verbindung mit Frankreich Ludwigs XIV. Plänen durchaus
nicht gewogen. In erster Linie war er freilich auf die Stärkung
seiner Hausmacht bedacht. Er hatte bei der Kaiserwahl Leopold
seine Stimme nicht ohne gehörige Gegenleistung gegeben. Trotzdem
war er, nach Ludwigs eigenem Ausspruch, einer der bedeutendsten
Parteigänger des Hauses Oesterreich im Reiche [18]). Nur verstand
man es in Wien nicht, die guten Beziehungen mit der aufkommenden
evangelischen Militärmacht im Norden gehörig zu pflegen.

Des Brandenburgers politischen Scharfblick kennzeichnet der
Rath, den er bereits im Februar durch seinen Gesandten Blumen=
thal dem Kaiser gab: Die gute Gelegenheit, das Haus Braun=
schweig an sich zu ziehen, nicht zu versäumen, und wenn möglich
in alle Allianzen, die im Reiche geschlossen werden sollten, einzu=
treten, um so von allen Vorgängen unterrichtet zu sein [19]). Viel=
leicht war dies auch der Hauptbeweggrund für des Kurfürsten
Eintritt in die Rheinliga.

---

*) So schreibt z. B. Goösse unter dem 7. Februar 1667 aus Berlin: „Habe
mich unterwegs zu Wolfenbüttel einen Tag aufgehalten und gefunden, daß der
Herzog Rudolf August Ew. Maj. gut gesinnt sei, daß man aber vermeint, daß
Ew. Maj. die Geistlichen allzusehr in Religionssachen hören und gegen ihre
Glaubensgenossen zu scharf verfahren" . . . „Auch Schwerin hat in dieser Be=
ziehung gesagt, daß Ew. Maj. unglaublich viel gewinnen würden, wenn Sie
in Religionssachen in den Erbländern etwas indulgenter wären" . . . Aehnliche
Aeußerungen wiederholen sich auch in späteren Berichten Goösses.

Blumenthal sollte vor Allem den kaiserlichen Hof wegen der polnischen Frage sondiren. Der polnische Thron harrte der Er= ledigung. Johann Casimir, der letzte des Hauses Wasa, gedachte nämlich abzudanken und er führte diesen Beschluß auch am 17. Sep= tember 1668 aus. Aber schon lange vorher wurde die Thron= candidatenfrage hin und her erwogen. Frankreich begünstigte den Prinzen Condé, Oesterreich den Herzog von Lothringen, Branden= burg und Schweden waren für den Pfalzgrafen Wilhelm von Neuburg [20]).

Obwohl man sich den Wünschen Brandenburgs gegenüber in dieser Frage am Kaiserhofe sehr kühl verhielt, war der Kurfürst auch noch fernerhin geneigt, in der belgischen Angelegenheit gemein= same Sache mit dem Hause Habsburg zu machen *). Freilich war es für den Kurfürsten schwer, mit Frankreich zu brechen, solange „der Kaiser sich nicht in jener Verfassung befand, um mit gutem Fundament seine Partei zu nehmen" [21]).

Als der Kurfürst von Ludwigs Einzug in Flandern Kunde erhielt, sprach er dem französischen Geschäftsträger Millet sein lebhaftes Bedauern darüber aus [22]).

Und unter dem 5. Juni schrieb er an Ludwig, daß er die Folgen eines Krieges fürchte, der geeignet wäre, von Neuem die Welt in Flammen zu setzen [23]). „Er hoffte durch eine Verbindung mit dem Kaiser und den beiden sächsischen Kreisen, den Franzosen entgegen treten zu können; er hoffte auch, daß der Reichstag zum Schutze des burgundischen Kreises Beschlüsse fassen und Mandate erlassen werde" [24]).

---

*) Im Bericht vom 14. März 1667 (Berlin), Goëße an Kaiser Leopold, heißt es zwar: „Seither der brandenburgische Abgesandte von Wien zurückge= kommen, vermerke ich, daß die Diffidenz allhier merklich zugenommen, man ver= meint in intima arcana penetrirt zu haben und daß Ew. Maj. wegen der Krone Polens nicht auf den Herzog v. Neuburg, sondern auf den von Lothringen ge= denken, welches hier allerlei Gedanken und fast nova consilia verursachen will. Man glaubt, da man mich für einen viro bono et sincero hält, daß ich nicht über Ew. Maj. Absichten informirt sei." — Aber schon am 18. März meldet Goëße: „Der Kurfürst ist ohnehin auf unserer Seite .... Nur könne er allein nichts wider die Franzosen thun, er fürchte die Schweden. Wären diese zu ge= winnen, so ginge es wohl an!"

Schon am 3. Juni meldete Goëße nach Wien, man sei am kurfürstlichen Hofe nicht wenig befremdet, daß vom Kaiser bis dato so gar nichts vorgekehrt worden. Obwohl Goëße noch o h n e In= struktionen in dieser Angelegenheit war, so wünschte er doch, daß der Kurfürst an Frankreich erkläre: Weder er noch das römische Reich könnten den burgundischen Kreis im Stiche lassen. Darauf erwiderte der Kurfürst mit Recht: Drohungen ohne Machtentfaltung nützen nichts.

Des Herzogs zu Zell Meinung, und dies war wohl seine eigene, gehe dahin, daß m a n z u v ö r d e r s t e i n e g u t e A r m e e a u f d i e B e i n e b r i n g e n s o l l e und dann erst von Mediation und Interposition reden möge. Die Unthätigkeit des kaiserlichen Hofes in dieser Richtung wurde übel vermerkt [23]).

In Wien hatte man sich unterdessen ein wenig vom ersten Schrecken erholt, da man sah, daß die Erfolge Ludwigs im An= fange nicht sehr bedeutend waren.

Lobkowitz beschied den Gesandten Grémonville zu sich nach Laxenburg und versicherte ihn im Namen des Kaisers, daß dieser aufrichtig die Fortdauer des Friedens wünsche; der Kaiser werde sich nicht in den Krieg mischen und die Vorschläge für einen Ver= gleich befördern helfen. „Lobkowitz fügte hinzu: den Spaniern bleibe ohnehin nichts übrig als der Vergleich; der Gesandte möge seine Bemühungen bei dem Kaiser und den Ministern fortsetzen. Als Grémonville ersuchte, daß den Spaniern jede Hilfe an Truppen und Geld verweigert würde, erwiderte Lobkowitz lachend: was das Geld anbelangt, so wisse der Gesandte wohl, daß sie nicht im Stande seien etwas zu thun" [26]).

1) Mignet I, 270.
2) Mignet II, 5.
3) Oeuvres, S. 75.
4) Philippson, das Zeitalter Ludwigs des Vierzehnten. Berlin 1879, S. 95.
5) Krones, S. 582.
6) Pusendorf, Helbig S. 82.
7) Ranke III, S. 281.
8) Robert de Gravel an Ludwig XIV., 13. Jänner 1667; Mignet II, 37.
9) Mignet II, 20.
10) Mignet II, 21—35.
11) Oeuvres, S. 329.

12) Mignet II, 29, 39.

13) Mignet II, 169.

14) Mignet II, 141.

15) Mignet II, 255.

16) Mignet II, 174—176. Paris am 20. Mai 1667. Wicka an Leopold. K. k. A.

17) Hispanica, Extractus. Was unterschiedliche Kur= und Fürsten auf Ihrer kaiserlichen Maj. gethanem Verlangen, daß sie sich der niederburgundischen Landen annehmen und dann die schädliche, also genannte rheinische Allianz erlöschen lassen sollten, sich beclarirt haben. K. k. A.

18) Oeuvres, S. 182—183.

19) Berlin am 7. Februar 1667. Goësse an Leopold.

20) Wolf, Lobkowiß S. 181—184.

21) Berlin am 8. April 1667.

22) Droysen III, 3. S. 200. Geschichte der preußischen Politik.

23) Mignet II, 278.

24) Droysen III, 3. S. 201.

25) Goësses Berichte aus Berlin vom 27. Mai, 3., 10. und 17. Juni. K. k. A.

26) Grémonville an Ludwig, 15. Juni 1667. Mignet II, 162 — Wolf, Lobkowiß S. 165.

---

11. Unschlüssigkeit am kaiserlichen Hofe. — Die Vollmacht für Lisola. — Schweden und Brandenburg.

In Spanien hatte man allzusehr auf Leopold gebaut. Der Madrider Hof war der zuversichtlichen Hoffnung gewesen, daß Gründe der Verwandtschaft und des eigenen Interesses den Kaiser dazu bestimmen würden, alsogleich eine Armee nach Flandern zu schicken. Leopold aber mangelte es an Geld. Er verlangte vor Allem Subsidien, bevor er an Rüstungen ginge.

In der spanischen Staatsrathsitzung vom 22. Mai trat schon eine Vorahnung davon zu Tage; man beschloß, dem Kaiser Geld zu liefern.

Indessen scheint dieser Beschluß nicht zur Ausführung gekommen zu sein, wenngleich der Erzbischof b'Embrun unter dem 2. Juni nach Paris meldet, daß bereits Wechsel auf 100,000 Thaler nach Wien abgegangen seien.

Ende Juni brachte ein Courier aus Spanien die ausdrück-

liche, bringende Bitte, der Kaiser möchte an Frankreich den Krieg
erklären oder ein Corps von 9000 Mann in die Niederlande entsenden. Der spanische Gesandte beklagte sich offen, daß man seine
Fürstin so im Stiche lasse. Der Fürst Lobkowitz dagegen tröstete
ihn mit der billigen Ausflucht, der Kaiser hätte sich dem Kurfürsten von Mainz gegenüber dahin verpflichtet, das Anerbieten
der Mediation abzuwarten, und die Wohlanständigkeit erlaube ihm
nicht, dieser Vereinbarung zuwider zu handeln. Es wäre Zeit
genug, hinsichtlich der Sendung von Truppen nach Flandern einen
Entschluß zu fassen, wenn das zur Aushebung nöthige Geld aus
Madrid eingelangt sein würde¹).

Von französischer Seite wurde wie zum Hohn auf das Recht
und den gesunden Menschenverstand auf das lebhafteste und zu
wiederholten Malen betheuert, der Zug des Königs nach Belgien
sei ja gar kein Krieg, sondern nur die thatsächliche Geltendmachung
eines Anspruches, welche immer gütlich beizulegen sein würde²).

„Das ist beiläufig so", meinte gelegentlich einmal Don Blasco
de Loyola im spanischen Staatsrathe, „wie wenn ich jemandem den
Mantel stehle, denselben einem andern gebe und dann behaupte,
ich hätte ja dem Ersteren keinen Schaden zugefügt"³).

In seiner Proklamation der Besitzergreifung der Niederlande
hatte Ludwig sogar erklärt, daß er keine Eroberung wolle, sondern
nur Gerechtigkeit, denn sie sei die Königin der Könige!

„Alle diese Worte von Mäßigung sind nur Täuschungen",
schrieb der scharfblickende Lisola⁴), „und nur darauf berechnet, Euere
Majestät und alle andern Fürsten von der Hilfe für Belgien zurück
zu halten. Erfolgt eine solche Hilfe nicht, so ist es der feste Wille
des Königs von Frankreich, nicht blos das ganze Belgien zu nehmen,
sondern seinen Glückeslauf zu verfolgen, soweit er kann . . . Doch
ist es zweifellos, daß er inne halten wird, sobald wir ihm gewaffnet
entgegen treten. So lange wir dagegen mit Worten und Gründen
kämpfen, wird er durch Ausflüchte und Wortgezänk unsere Mühen
vereiteln. Das ist die Kunst der Bezauberung, die er
auf die deutschen Fürsten übt, daß sie meinen, er
halte etwas auf ihre Reden und sei geneigt, auf ihre
Vermittelung einzugehen. Sie schlagen in's Wasser. Das
einzige Mittel der Herstellung des Friedens für die Fürsten ist, im

Vereine mit Euerer Majestät sich zu waffnen, dann fest und bestimmt zu erklären, daß sie eine Vergewaltigung des Königs von Spanien nicht dulden, und daß, wenn die Königin von Frankreich einen Anspruch zu haben glaube auf den burgundischen Kreis als ein Lehen des Reiches, nicht der Weg der Gewalt zu beschreiten sei, sondern derjenige der richterlichen Entscheidung vor dem Reichskammergerichte in Speier."

„Vor allen Dingen aber besorge ich, daß die Spanier, wenn alle Hilfe ihnen versagt wird, wenn Euere Majestät in keiner Weise sie aufrichten, den verzweifelten Entschluß fassen, nicht blos Belgien aufzugeben, sondern auch den Verzicht der Königin Maria Therese zu annulliren und dem König von Frankreich die Succession zuzusprechen." Dieser letztere Passus des Briefes, bemerkt Onno Klopp, ist vom Kaiser Leopold roth unterstrichen, mit andern Worten: Lisola kannte die geheimsten Gedanken und Wünsche des Wiener Hofes; er griff zum letzten Mittel und brachte den Eigennutz in's Spiel.

Lisola betonte auch wiederholt, daß von den übrigen Mächten, namentlich von England und den Niederlanden, nichts zu hoffen sei, wenn der Kaiser nicht mit gutem Beispiele vorangehe.

In Spanien selbst sah man nach d'Embruns Bericht vom 1. Juli dem Vorgehen Ludwigs ziemlich apathisch zu. Die Regierung war machtlos. Niemand bot sich für den flandrischen Kriegsdienst an[5]).

Noch am 12. Juli soll Grémonville mit viel Humor nach Paris berichtet haben, „daß in Wien wenig oder gar keine Anstalten zum Kriege getroffen würden, vielmehr aber zu Balleten und Jagden, und daß bei den letzteren mehr Hirsche gefehlt als von den Spaniern in diesem Feldzuge Franzosen erschossen worden wären"[6]).

Die stets sich erneuernden Forderungen und Drohungen seitens des spanischen Gesandten und Castel Rodrigos ließen den Kaiser und die Mehrzahl seiner Räthe indessen wieder mehr zur Intervention hinneigen.

„Nach langen Erwägungen kam der Staatsrath des Kaisers zum Beschlusse, Lisola die so sehnlich gewünschte Vollmacht auszustellen. Doch ward sie erst am 3. August ausgefertigt." Unter demselben Datum wurde an Friquet der Befehl gesandt, die Staaten hierüber zu sondiren. Dieser aber empfing den Befehl nicht mehr. Er starb in diesem Monate. „Die Vollmacht lautete auf ein Bündniß mit Eng= land, Holland, Schweden. Es war ein starker Schritt vorwärts. Aber man fügte eine Fessel hinzu. Lisola sollte in der Angelegenheit nichts Schriftliches von sich geben, als bis er des Königs von Eng= land sicher sei. Er dürfe die Vollmacht nicht vorzeigen und nicht unterhandeln, bis nicht der spanische Gesandte Molina eine ähn= liche besitze mit der ausdrücklichen Zusage, daß niemals anders als gemeinsam mit dem Feinde zu unterhandeln oder zu schließen sei." Man war am Kaiserhofe in gleicher Weise gegen England und Spanien mißtrauisch [7]).

Zu gleicher Zeit wurde auch der Beschluß gefaßt, augenblicklich 15 bis 16,000 Mann nach Flandern zu schicken, die in 6 Wochen oder 2 Monaten dorthin aufbrechen sollten. Nur Lobkowitz war dagegen. Er theilte in einer Weise, die an offenen Verrath grenzt, dem französischen Botschafter die Pläne des kaiserlichen Hofes mit. Nachdem er Grémonville auch darüber aufgeklärt, wie er sich be= nehmen müsse, um die Ausführung des Beschlusses zu hintertreiben, fügte er hinzu: „Ich habe gethan, was ich vermochte; thun Sie nun das Ihrige. Sie als der Minister eines großen Königs können kühn mit der Sprache herausgehen" [8]). Dies zeigt seine verräthe= rische Parteilichkeit für Frankreich im schlimmsten Lichte, wenn er auch vorschützte, es sei ihm nur darum zu thun, einen für Oester= reich unheilvollen Bruch mit Frankreich zu verhüten. Grémon= ville und Lobkowitz kamen auch überein, die Mediation des Kur= fürstencollegiums und des Papstes wirken zu lassen *). Im Zu= sammenhange mit der Vollmacht für Lisola erging auch an Basse= rode die Weisung, ein Bündniß mit Schweden zu Stande zu bringen **).

Der Stockholmer Hof war während des dreißigjährigen Krieges und seit dem westphälischen Frieden der beständige Bundesgenosse Frankreichs gewesen. „Aber die Macht Frankreichs, der Ehrgeiz seines jungen Königs, der Einfluß, den er in Deutschland ausübte

---

*) Die Mediation des Papstes, welche Ludwig XIV. durch den Abbé Rospigliosi und der Königin von Spanien durch den Kardinal Visconti ange= boten wurde, blieb erfolglos. Mignet II. 199 und 578.

**) Die diesbezügliche Vollmacht ist vom 1. August datirt. K. k. A.

und der den der Nordmacht in den Schatten stellte, vor Allem
aber Ludwigs Pläne in der polnischen Thronfolgefrage hatten
Schweden verstimmt, daß in diesem Punkte mit Brandenburg zu=
sammenging" [9]).

Die Nachricht von dem Marsche der Franzosen gegen die
Niederlande wurde in Stockholm nicht sonderlich gut aufgenommen [10]).

„Gleich vom Anfang der Verwicklungen an that Schweden in
vielfacher Weise in Wien, im Haag, in London kund, daß es Be=
denken trage vor den Fortschritten Frankreichs und daß man in
Stockholm lieber spanisches Gold nehmen werde als französisches" [11]).

Schon im Juli wurde Basserode bedeutet, daß der Kaiser so=
gleich über 6000 Mann verfügen könne [12]). Es handelte sich nur
um die Zahlung des Soldes. Man befürchtete in Paris auch eine
Verständigung zwischen dem Kaiser und Schweden. Der schwedische
Gesandte daselbst, Pufendorf, zeigte sich in der That von allem
Anbeginn in seinen Reden nicht sehr franzosenfreundlich. Er gab
auch dem kaiserlichen Botschafter allerlei gute Rathschläge, wie der
Kaiser verfahren müsse, um sich einen verläßlichen Anhang im Reich
zu schaffen [13]).

Vom Kurfürsten von Brandenburg ist nur insoweit die Rede,
als der spanische Gesandte dem Kaiser ein weitläufiges Memorial
überreichte mit der Bitte, jemanden nach Berlin zu schicken, um
daselbst dem Markgrafen Hermann von Baden beizuspringen, damit
er seinen Zweck erreiche [14]).

Und doch war gerade in Berlin der günstigste Boden für
einen bewaffneten Widerstand gegen Frankreich. Ende Juni hatte
der französische Gesandte Millet vom Kurfürsten die Verlängerung
des Rheinbundes und die kategorische Erklärung verlangt, daß er
Hilfsvölkern den Paß nach den Niederlanden durch sein Gebiet
nicht verstatten wolle. Der Kurfürst erwiderte, er könne in diesem
Punkte ohne die anderen Reichsstände nichts unternehmen. Er
ward daraufhin den Franzosen nur noch abgeneigter und beklagte
sich, daß die Kurfürsten und Fürsten so wenig das edle Kleinod
ihrer Freiheit wahren. Er fragte den kaiserlichen Gesandten zu
wiederholten Malen, was denn Se. Majestät hinsichtlich des bellum
belgicum thun würden. Dieser konnte aus Mangel an
Instruktionen nur Allgemeines erwidern [15]).

„In Paris war man in lebhafter Unruhe wegen des Kurfürsten, man fürchtete das Eintreten seiner Macht für Spanien in
hohem Maße und wollte bedeutende Opfer bringen, wenn er
nur neutral bliebe."

„Der König von Frankreich sah wohl, daß, wenn der Kaiser,
Schweden und der Kurfürst eine Linie zögen, er dann von seinen
Concepten wenig würde zu hoffen haben"[16]).

Ludwig wollte selbst den Plan aufgeben, einen französischen
Prinzen auf den polnischen Thron zu bringen, ja sogar die Wahl
des Herzogs von Neuenburg, des Kurfürsten Schützling, fördern
helfen. Der Kurfürst zeigte sich dafür anscheinend sehr erkenntlich
und erklärte, daß er alles, was Ludwig XIV. für den Herzog von
Neuenburg thun würde, als für sein eigenes Haus gethan ansehe.

Trotz dieser Versicherungen und Dankbarkeitsbezeugungen hegte
der Kurfürst feindliche Gesinnungen gegen Frankreich. Seine Agenten
in Wien und Regensburg machten kein Hehl daraus. Ludwig be-
nachrichtigte Millet davon, damit er sich darüber bei Hofe beklage.
Der Kurfürst aber schreckte selbst vor Schauspielerkünsten nicht zurück,
wenn es seine Zwecke zu fördern galt; er leugnete, Thränen
vergießend, die ihm zugeschriebenen Absichten und behauptete, daß
dies falsche Gerüchte wären, die von seinen Feinden verbreitet
würden[17]). — Erst Ende Juli konnte Goësse dem Kurfürsten mittheilen, daß der Kaiser nun im Werke begriffen, sein Heer mit
20,000 Mann zu verstärken. Der Kurfürst meinte, daß es mehr
als an der Zeit wäre; es begreife sich, daß, wenn der Kaiser zu-
schaue, kein anderer die Hand anlege[18]).

1) Mignet II, 123, 128, 190, 203.
2) Klopp, S. 181.
3) Mignet II, 187.
4) Bericht vom 22. Juni und 2. Juli 1667. Klopp, S. 181.
5) Mignet II, 184.
6) Paris am 5. August 1667. Wicka an Leopold. K. k. A.
7) Klopp, S. 183 und 184.
8) Mignet II, 211—215.
9) Mignet II, 278.
10) Vasserode an Leopold. 28. Mai 1667. K. k. A.
11) Klopp, S. 184.
12) Vasserode an Leopold. Stockholm am 4. Juli 1667. — Wien 1. August.
Leopold an Vasserode.

13). Paris am 15. Juli 1668. Wida an Leopold.

14) Wien am 26. Juli 1667. Leopold an den Grafen Pötting.

15) Berlin am 1. Juli 1667. Goëße an den Kaiser. — Bericht Millets vom 29. Juni 1667. Mignet II, 279.

16) Drohsen III, 3. S. 210.

17) Mignet II, 279, 280, 283.

18) Berlin am 29. Juli 1667. Goëße an den Kaiser.

---

12. Lisolas Bouclier d'Etat etc.

Im Monate Juli erschien Lisolas Buch: „Schild des Staates und der Gerechtigkeit gegen den französischen Plan der Universal=monarchie"[1]. Es war in französischer Sprache vom Standpunkte eines Unterthans der Krone Spanien abgefaßt. Lisola bewies darin in überzeugender und unwiderleglicher Weise die Haltlosigkeit und Unanwendbarkeit des von Ludwig XIV. bei den Haaren her=beigezogenen Devolutionsrechtes für den vorliegenden Fall und warnte vor den Eroberungsgelüsten der französischen Könige, die sich zum Grundsatze gemacht: „Die Könige gebieten den Völkern und das Interesse den Königen".

Eingangs wird das hinterlistige Gebahren Frankreichs an den Pranger gestellt. „Während wir im Schatten des Friedens und vertrauend auf die neuerdings gegebenen Versicherungen Frankreichs ruhig dahin leben, schlägt plötzlich an unser Ohr der Lärm von großen Kriegsrüstungen in unserer Nachbarschaft." Von Frankreich aus werden Flugschriften verbreitet: „Zwiegespräch über die Rechte der allerchristlichsten Königin"; „Abhandlungen über die Rechte der allerchristlichsten Königin auf die verschiedenen Staaten der spa=nischen Monarchie"; „74 Gründe, welche klarer als der Tag dar=thun, daß die Verzichtleistung durch die Königin von Frankreich null und nichtig ist".

„Die französischen Libellisten sind ungemein wortreich und weit=schweifig in der Beschönigung der Absichten der französischen Re=gierung, während sie dort, wo es sich um Begründung der Rechts=ansprüche handelt, eine höchst unfruchtbare Feder haben." — „Sie

halten uns für verwildert und einfältig genug, um derartige Dinge
wie sie uns vorgemacht werden, zu glauben, und sie rühmen sich
dann in ihren Witzeleien, daß sie uns für Deutsche gehalten haben."

„Eine Schrift, die vor Kurzem Ludwig dedicirt wurde, zeigt,
wie weit die Absichten dieses Fürsten und seiner Umgebung gehen.
Sie führt den Titel: „Ueber die berechtigten Ansprüche des Königs
auf das Reich". Als Fundamentalsatz gilt in dieser Schrift: „Das
Besitzthum der Herrscher ist immerdar das Besitzthum und der Erwerb der Staaten gewesen, und das Besitzthum und der Erwerb
der Kronen kann weder veräußert noch verjährt werden". Folgende
Stelle ist charakteristisch: „Der größte Theil Deutschlands ist das
Patrimonium und alte Erbe der französischen Fürsten gewesen.
Karl der Große hat Deutschland als König von Frankreich und
nicht als Kaiser besessen" *).

Mit feurigen Worten wendet sich Lisola an die übrigen Fürsten
der Christenheit, die gewissermaßen moralisch verpflichtet seien, dem
angegriffenen Belgien, respektive Spanien beizuspringen: „Denn in
diesem Kriege handelt es sich darum, das Völkerrecht aufrecht zu
erhalten, zu verhindern, daß Grundsätze in der Welt eingeführt
werden, die ein Zusammenleben der Menschen unmöglich machen
würden: es handelt sich darum, den allgemeinen Glauben an Verträge gegen Listen und Chicanen zu vertheidigen; das Recht der
Waffen in den Grenzen zu erhalten, welche nach Uebereinstimmung
Aller festgesetzt sind; es handelt sich darum, einen reißenden Strom
aufzuhalten, gegen dessen Heftigkeit der Friede, die Ehre, das Blut,
die Verwandtschaft, die Freundschaft, die Ehrerbietung nur schwache
Dämme sind. In diesem Kriege wird das Schicksal Europas entschieden, ob Freiheit, ob Sklaverei fortan sein Loos sein soll".
Zum Schlusse betont Lisola den Charakter der angegriffenen Pro-
vinzen als Glieder des Reichs und ruft den Ständen zu: „Die
Franzosen haben ein nach allen Seiten hin geeintes Reich; einigen

---

*) Diese Schrift Aubérys erregte viel Aergerniß: „Der Hof schien der
Publication nicht fern zu stehen" (Paris am 5. August 1667. Wicka an Leopold).
Gleichwohl setzte Ludwig den Verfasser auf einige Zeit in die Bastille, damit sich
der Verdacht zerstreue, als trachte er nach der römischen Krone und sinne auf
einen Einfall in's deutsche Reich. Im Dezember wurde Aubéry wieder aus
der Haft entlassen. (Paris am 16. Dezember 1667. Wicka an Leopold.)

auch wir unsere Kräfte. Ihre Ruhe besteht in unserer Zwietracht; suchen wir Sicherheit in der Demüthigung ihres Hochmuthes; sie gehen gewaltthätig vor: weisen wir Gewalt mit Gewalt zurück. Sie halten uns mit eitlen Friedenshoffnungen hin; setzen wir uns in den Stand, sie dazu zu nöthigen, daß sie den Frieden ernstlich wünschen. Kurzum sie haben es eigentlich auf Alle abgesehen. Machen wir daher gemeinsame Sache und überliefern wir uns nicht mit Haut und Haar der Gnade des Cyclopen, die dem Ulysses nur ganz unerhoffter Weise zum Nutzen gereichte". Das waren Worte, würdig des besten deutschen Patrioten!

1) Bouclier d'état et de justice contre le dessein manifestement découvert de la monarchie universelle sous le vain prétexte des prétentions de la reine de France, 1667. Die hier citirten Stellen nach Heinleins Auszug.

---

13. Vergebliche Versuche der Spanier den Kaiser zu einem energischen Auftreten gegen Frankreich zu veranlassen.

In Wien nützte einstweilen Grémonville den ihm von Lobkowitz ertheilten Rath gehörig aus. Er sprach der Reihe nach mit den anderen geheimen Räthen, mit Ausnahme Auerspergs, der ihn schon seit der Mittheilung über des Königs Zug nach Flandern nicht mehr vorließ. Am 28. Juli hatte Grémonville Audienz beim Kaiser. Er sprach da wie bei den Ministern von den Bündnissen seines Königs mit den deutschen Fürsten, von den Mitteln, über welche er verfüge u. s. w. Der Kaiser antwortete gegen seine Gewohnheit in gedrängter Kürze, nach Grémonvilles Behauptung „stückweise, wie Jemand, dem man seine Lektion eingelernt hat, und der sie nicht gut kann" 1) *).

Er sagte im Großen und Ganzen nur, daß es noch immer seine Absicht wäre, gute Beziehungen mit dem französischen Könige zu unterhalten, daß er jedoch nicht umhin könne, seine Plätze im Breisgau mit Truppen zu versehen und seine Regimenter auf den alten Stand setzen zu lassen, ohne daß dies irgend welchen Arg-

---

*) „A bâtons rompus, comme une personne à qui l'on a appris sa leçon et qui la sait mal".

wohn erwecken dürfe. Das energische, richtiger unverschämte Auf=
treten Grémonvilles verfehlte gleichwohl seinen Zweck nicht. Man
verschob die kriegerischen Pläne wieder auf einige Zeit.

Grémonville hatte so mit einer einzigen Audienz zerstört, was
die Spanier mit so großer Mühe errungen. Als Grémonville am
1. August Lobkowitz begegnete, der eben ausfuhr, winkte ihn dieser
zu sich heran und flüsterte ihm in's Ohr, daß er Wunder wirke,
daß er bald den Effekt verspüren werde, daß er nur kühn reden
und bald den Kurfürsten von Mainz in's Spiel bringen möge.
Schließlich aber sagte er mit lauter Stimme lachend: „Das hat
mich diese Dame Euch zu vermelden". In der That erhielt Grémon=
ville noch am 2. August Abends durch den Fürsten Gonzaga seitens
des Kaisers die Versicherung, daß der König hinsichtlich der Re=
krutenaushebung keinen Argwohn hegen dürfe, da dies nur zur
Completirung der Regimenter geschehe, um auf alle Fälle bereit zu
sein. Die Expedition nach dem Breisgau wäre nicht ernst zu nehmen.

Der König, meinte Grémonville in seinem Berichte, könne
daher nun wenigstens drei weitere Monate in aller Gemüthsruhe
handeln[2]). — Geradezu wie Ironie, ut aliquid scripsisse videatur,
liest sich im Anschlusse an Obiges, was Leopold unter dem
1. August an seinen Gesandten in Spanien schreiben läßt: Schweden
will mit England, Oesterreich und Spanien ein Bündniß schließen.
Es sei zu wünschen, daß nicht durch zu langsames
Verfahren die Schweden der Gegenpartei in die Arme
getrieben würden. Es solle zu diesem Zwecke von Spanien
Jemand nach Schweden abgeschickt werden. Während dieser Zeit
mußte natürlich der Winter herankommen und der Feldzug vor=
läufig sein natürliches Ende finden.

Die unermüdlichen Vorstellungen Grémonvilles machten auch
die Anstrengungen Castel Rodrigos zu nichte, der durch einen
Courier hatte ankündigen lassen, daß, wenn ihm nicht auf der
Stelle Hilfe geschickt werde, die Bevölkerung Flanderns sich er=
heben und die Städte sich ohne Vertheidigung ergeben würden.

Am 14. Juli 1667 erfolgte die Kriegserklärung der Königin=
Regentin von Spanien an Frankreich[3]). Dadurch wurde zwar in
die ganz unnatürlichen Beziehungen beider Reiche, die trotz der
französischen Vergewaltigungen im tiefsten Frieden zu leben schienen,

5*

die nöthige Klärung gebracht. Das war aber auch so ziemlich Alles.
Mit der Wegsendung des französischen Gesandten b'Embrun verfiel
die spanische Regierung wieder in die alte Apathie.

Den Wiener Hof forderte man auf, dem Chevalier de Grémon=
ville ebenfalls seine Pässe zuzustellen.

Diese Aufforderung legte man natürlich in Wien ad acta.
Der spanische Gesandte war wüthend. Er drohte mit seiner Ab=
reise, indem er hinzufügte, Grémonville hätte mit einigen prahle=
rischen Drohungen Alles wieder über den Haufen geworfen. Es
wäre ihm nie beigefallen, daß der Kaiser sich eines Franzosen als
ersten Ministers bedienen würde⁴).

1) Mignet II, 217—221.
2) Mignet II, 221—225.
3) Mignet II, 197.
4) Mignet II, 225.

---

14. Die politische Lage nach dem Frieden zu Breda. — England und Holland. — Verhandlungen in Berlin.

Im Monat Juli war unter Lisolas Vermittlung der Friede
zu Breda zwischen Holland und England geschlossen worden.

Trotz der Abmachungen mit Karl II. hatte zwar Ludwig heim=
lich die Holländer zur Fortsetzung des Krieges aufgehetzt, indem er
ihnen eine bedeutende Unterstützung in Aussicht stellte. Allein um
die Mitte Juni 1667 bekamen sowohl England als auch Holland
Einblick in das Doppelspiel Ludwigs, ein Umstand der den Abschluß
des Friedens nur beschleunigen mußte¹).

Nun hielt Lisola den Zeitpunkt für passend, wo mit allen
Mitteln an die Schließung der projectirten Allianz gegen Frank=
reich gegangen werden könne.

Er reiste nach London und traf hier anfangs August gerade
vor dem Zusammentritte des Parlamentes ein, das jedoch nach
einer einzigen Sitzung bis zum Oktober vertagt wurde. Die Stim=
mung desselben wie die der Gesammtheit des englischen Volkes

war für ein Bündniß gegen Frankreich. Obwohl König Karl sich Ludwig gegenüber auf ein Jahr gebunden hatte, so glaubte doch Lisola, dem dies bekannt war, annehmen zu dürfen, daß es Karl und sein Kanzler Clarendon dabei auf eine Täuschung Ludwigs abgesehen hätten. Wenigstens hatte Karl II. gesprächsweise zu ihm einmal bemerkt: „Ludwig hat mich so oft betrogen, daß ich keinen Anstand nehmen würde, ihn auch einmal anzuführen" [2]).

Als Lisola dem englischen Könige seinen Plan hinsichtlich eines Bündnisses zum Schutz der spanischen Niederlande mittheilte, schien in der That Karl demselben nicht ganz abgeneigt. Doch war sein Mißtrauen gegen be Witt zu lebhaft. Er verlangte zuerst ein authentisches Document über die Absichten der Republik und schrift-liche Vorschläge seitens Lisolas. Nun war aber Lisola durch seine Instruktionen in dieser Richtung gebunden. Dazu kam die Ver-tagung des Parlaments. Die ganze Angelegenheit der Allianz gerieth ins Stocken [3]).

Auch Holland hatte den Angriff Ludwigs XIV. auf Belgien mit vielem Mißbehagen gesehen. Man scheute die Nachbarschaft der Franzosen und wollte es doch mit ihnen nicht verderben. De Witts Schritte in dieser Angelegenheit waren ziemlich zweideu-tiger Natur. Einerseits suchte er sich durch Friquet mit dem Kaiser ins Einvernehmen zu setzen und ließ er durch seinen Gesandten van Beuningen in Paris in etwas mit dem Säbel rasseln [4]). Ander-seits handelte er wieder im Sinne Ludwigs, indem er den Frieden auf Kosten Spaniens zu vermitteln gedachte.

„Bereits zu Beginn des Monats Juli 1667 trat König Lud-wig mit be Witt in Verhandlung über den Antheil von Belgien, mit welchem er sich etwa begnügen würde. Nach dem Frieden von Breda erklärte de Witt, daß die Generalstaaten bereit seien, in Güte oder mit Gewalt die Königin von Spanien zu einer Abtretung bestimmter Plätze und Länder an den König von Frankreich zu vermögen. Wenn die Königin von Spanien es vorziehe, den König von Frankreich im Besitze des Eroberten zu belassen, so solle sich der König damit begnügen. Ludwig machte den Vorschlag be Witts zu seinem eigenen und hoffte dadurch, das Gewebe der sich gegen ihn etwa bildenden Allianz zu zerreißen. De Witt strebte in erster Linie ein Bündniß zwischen England und Holland an." Die diesbezüglichen Verhandlungen kamen indessen erst im Monat November mehr in Fluß[5]).

Im Monate August ging der kaiserliche Hof endlich auch daran, in Berlin für ein Bündniß mit dem Kurfürsten zu wirken. Nach den gemachten Erfahrungen hinsichtlich der Langsamkeit und Un= entschlossenheit des Kaisers zögerte der Kurfürst mit Recht, seine Beziehungen zu Frankreich zu zerreißen, bevor die Absichten des Kaiserhofes und in zweiter Reihe die der Staaten, Englands und Schwedens bestimmter erkennbar wären[6]).

Als ihm der kaiserliche Gesandte anfangs August den Vor= schlag machte, das zu schließende Bündniß auch auf die niederlän= dischen Provinzen auszudehnen, ließ er vermerken: Er würde sich auf einen Krieg gegen Frankreich nur dann einlassen, wenn eine gute Partie zu machen wäre. Der Kurfürst für seine Person, sagte Schwerin, inkliniere schon dazu, aber die Räthe werden langsam dreingehen[7]).

Es war auch kein Wunder. Man war in Berlin genau dar= über unterrichtet, daß man in Wien wohl mit Worten aber weniger mit Thaten freigebig herum werfe. Mitte August traf der Mark= graf von Baden, gesandt vom Gouverneur der Niederlande, in Berlin ein, um den Kurfürsten zu einem Bündniß mit dem Hause Oesterreich zur Vertheidigung der Niederlande zu bewegen. Er verlangte sogleich 6000 Knechte. Der kaiserliche Gesandte wendete dem Markgrafen ein, daß Spanien wegen Nichteinhaltung seiner Zusagen bei dem Kurfürsten allen Credit verloren hätte. Wolle man den Kurfürsten gewinnen, so müsse man ihm außer Geld auch die Aussicht auf Geldernland eröffnen. Es treten überall Sonder= interessen zu Tage. Spanien aber verliere bei Freund und Feind. Der Graf von Schwerin sagte dem kaiserlichen Gesandten, das Haus Oesterreich möge endlich ernstlich dazu thun, eine große Allianz gegen Frankreich zu Stande zu bringen. Eben dasselbe wurde beiläufig dem Markgrafen bedeutet, mit dem Bemerken, daß der Kurfürst einer solchen Allianz sofort für seine Person beitreten würde. Uebrigens hegte man in Berlin keine besonderen Erwar= tungen mehr von des Kaisers Energie: „Es werden, im Vertrauen gesagt, gegen Ew. Majestät gar sonderbare Reden wegen Ihrer Un= thätigkeit geführt," schreibt Goëße an den Kaiser. „Was von Ver=

stärkung der kaiserlichen Armee verlautet, seien nur leere Reden.
Es ärgert mich dies ungemein"*). Auf das Ansinnen des Mark=
grafen von Baden, alsogleich Hilfe zu schicken, erwiderte der Kur=
fürst, daß ja der Kaiser selbst noch nicht entschlossen sei, ob er sich
der Niederlande annehmen solle oder nicht.

Wie könne man verlangen, daß er allein dem übermächtigen
Frankreich entgegen trete. Spanien möge vorerst den Kaiser dahin
disponiren, daß er das Werk recht zu Herzen fasse und zuvörderst
die Krone Schweden auf seine Seite bringe. Entweder müßten die
Schweden sich für den Kaiser oder für neutral erklären, sonst wäre
in der Sache nichts zu thun*).

Uebrigens erklärte sich der Kurfürst bereit, der Krone Spanien
mit einem Korps von 15,000 Mann zu Hilfe zu kommen; nur müsse
er fordern, daß zuvor eine **Allianz zwischen dem Kaiser,
Spanien und Brandenburg geschlossen werde und von
Spanien** Subsidien und Werbegeld bezahlt werde. **Zugleich
machte er die völlige Geheimhaltung dieser vor=
läufigen Besprechungen zur Bedingung**⁹).

In ähnlichem Sinne äußerte sich der Kurfürst dem Grafen
Mansfeld gegenüber, der zur Unterstützung des Markgrafen von
Baden vom Kaiser nach Berlin geschickt worden war. Mansfeld
kündigte dem Kurfürsten an, daß der Kaiser die Absicht hege, den
Spaniern beizuspringen und eine beträchtliche Armee nach Flandern
zu entsenden, entweder durch das Reich oder durch Tyrol und die
Franche=Comté. Der Kurfürst erklärte, wenn der Kaiser 20,000
Mann ausbebe und ihn zum Generalissimus dieser Armee mache,
der er selbst 20,000 Mann hinzufügen würde, werde er gegen die
Franzosen marschiren¹⁰).

Unter den kurfürstlichen Räthen war es besonders der pom=
mersche Kanzler Sommiß, der am stärksten den Schimpf betonte,
daß Ludwig XIV. dem Reiche und dessen Ständen Gesetze vorzuschreiben
wage und mit einem Einfalle in das Reich drohe, wenn es dem bur=

---

*) Berlin am 22. August 1667. Goëſſe an den Kaiser. K. k. A.
Der Kurfürst von Brandenburg hatte also damals noch keine Ahnung da=
von, daß die Verhandlungen zwischen Schweden und dem Kaiser in vollem Gange
waren.

gunbifchen Kreife Hilfe fende. Brandenburgs Intereffe fei
eines mit dem des Reichs[11]).

Am 26. Auguft wurde zu Zinna eine Art Bündniß zwifchen
Sachfen und Brandenburg gefchloffen.

„Bei diefer Zufammenkunft fuchte der Kurbrandenburger Johann
Georg II. von Sachfen zu überzeugen, daß jetzt der Zeitpunkt für
ihn gekommen fei, fich aus der Verbindung mit Frankreich zu löfen,
in die er fich nur zu tief eingelaffen habe; er ftellte ihm vor, wie
hochbedenklich es fei, daß in dem Vertrage von 1664 das Wort
Protektion ftehe, die der König von Frankreich über ihn und fein
Haus üben wolle, ja, daß er fich verpflichtet habe, in feinen Ge=
heimrath nur Perfonen zu nehmen, die dem König genehm feien"*).
Mit Recht konnte Sachfen auf die bisherige Unthätigkeit des Kaifers
verweifen. Der Brandenburger fuchte Leopold mit dem Hinweis
auf den Umftand zu entfchuldigen, daß der Kaifer fich nicht erklären
könne, weil die Fürften im Reich fo unterfchiebliche consilia hielten,
von denen man nicht wiffe, ob fie für oder gegen das Haus Defter=
reich gemünzt feien[12]).

Goëffe war der Hoffnung, daß man Kurfachfen durch Anerbietung
eines „Stück Geldes" auf die Seite des Kaifers ziehen könne**).

„Im Auguft ftand alfo die Frage hinfichtlich der Vertheidi=
gung der Niederlande nicht fchlecht für das habsburgifche Haus.
Schweden, deffen Heer im Bremifchen immer noch bei einander
war, hatte im vollen Einverftändniß mit Brandenburg die Prolon=
gation des Rheinbundes abgelehnt; man hatte fich gegenfeitig das
Wort gegeben, in diefer Frage, und fie war die des franzöfifchen
Einfluffes im Reich, gleichen Schrittes zu gehen. Es bedurfte nur

---

*) Droyfen III, 3. S. 204 und 205. Viele alte fächfifche Räthe waren
ohnehin mit dem franzöfifch-fächfifchen Vertrag nicht einverftanden. (Berlin am
25. Februar 1667, v. Goëffe an den Kaifer.) Am 22. März meldete gleich=
wohl Georg v. Plettenberg aus Dresden an den Kaifer: „Die Affection gegen
Frankreich ift hier nicht vermindert, fonder in suo vigore." K. k. A.

**) Berlin am 7. Oktober 1667. Goëffe an den Kaifer. Ebenfo fchlägt
Heinrich Julius Freiherr von Blum, feit 22. März kaiferl. Gefandter in Dresden,
in feinem Berichte vom 13. December 1667 vor, Spanien möge dem dortigen
Kurfürften, der in großer Geldnoth fei, einiges Geld reichen, um ihn von den
Franzofen abzuziehen. K. k. A.

eines tapferen Entschlusses in Wien, und der Bann war gelöst, der noch die Opposition gegen Frankreich hinderte, sich zu einigen"[11].

„Der Kurfürst hatte auch eifrig mit den Staaten unterhandelt. Doch zogen sich die Unterhandlungen fruchtlos bis in den S e p t e m = b e r hinein. Im Haag wurde man, je eifriger man Andere sah, desto lässiger. Mit jedem Tage wurden die Schritte de Witts zweideutiger"[14].

1) Klopp, S. 167 und 168.
2) Lisolas Bericht vom 22. Juni 1667 aus Brüssel, Klopp, S. 387.
3) Klopp, S. 185—189.
4) Müller, S. 13. — Widas Berichte aus Paris vom 19. u. 29. Juli 1667. K. i. A.
5) Klopp, S. 203—205.
6) Droysen III, 3. S. 204.
7) Cüstrin am 8. August 1667. Goösse an Leopold. K. i. A.
8) Berlin, am 18. August 1667. Goösse an Leopold.
9) Droysen III, 3. S. 202.
10) Mignet II, 285.
11) Droysen III, 3, S. 203.
12) Kloster Zinna am 7. September 1667. Goösse an den Kaiser.
13) Droysen III, 3. S. 205.
14) Droysen III, 3. S. 205—206.

---

15. Die kriegerische Stimmung erlangt für kurze Zeit in Wien die Oberhand.

Von Wien aus berichtete Grémonville noch unter dem 1. Sep= tember nach Paris, daß der Kaiser noch keinen Soldaten aus= gehoben habe, daß er für diesen Feldzug keine Hilfe nach Flandern zu schicken im Stande sei. Einige Tage nachher hielt man in Wien abermals einen Kriegsrath wegen der Rekrutenaushebungen. Grémon= ville hatte darüber eine Unterredung mit Lobkowitz. Er theilte demselben mit, daß er nach Frankreich wegen eines zu gewährenden Waffenstillstandes geschrieben habe. Und wirklich beschloß man daraufhin neuerdings am kaiserlichen Hofe, nichts hinsichtlich der Rekrutenaushebungen zu verfügen, bis die Antwort Ludwigs be= treffs eines Waffenstillstandes eingelangt wäre[1].

In Summa faßte man also am kaiserlichen Hofe eine Menge von Beschlüssen, die sich aber in der Regel gegenseitig aufhoben.

Am 27. August wurde Lille von den Franzosen eingenommen und dann der Graf von Marsin mit seinen 12,000 Mann ge= schlagen, was Ludwig zum absoluten Herrn des Feldes machte. Als am 8. September diese Nachricht nach Wien gelangte, war der Hof sehr bestürzt, und der spanische Gesandte erneuerte noch lebhafter seine Vorstellungen bei dem Kaiser, der allein die Nieder= lande vor gänzlichem Ruin bewahren könne. Wieder flackerte die kriegerische Begeisterung in etwas auf. Am 12. September wurde Kriegsrath gehalten. Alle Minister, besonders Montecuccuii, sprachen für den Krieg. Nur Lobkowitz sagte nach der Sitzung zu Grémon= ville: „Sie sollen reden, was sie wollen; wir werden doch nicht so dumm sein wie die Spanier".

In der That schienen diese Beschlüsse nur dazu gefaßt zu sein, um die Spanier hinzuhalten. Den spanischen Gesandten speiste man nach wie vor mit billigen Rathschlägen ab; so z. B. sie mögen sich der Schweden durch Anerbietung beträchtlicher Summen versichern.

Da ist es denn sehr glaubhaft, daß sich Graf Malagon zu der nur zu sehr berechtigten Aeußerung hinreißen ließ, das Bildniß Kaiser Karls V. würde mehr für sie thun als der jetzt regierende Kaiser. Diese Hitzköpfigkeit kam dem kühlberechnenden Grémonville freilich sehr gelegen [2]).

Ein Zufall spielte übrigens den Spaniern schriftliche Beweise für die kraft= und saftlose Haltung der Wiener Regierung in die Hände.

Der spanische Gesandte im Haag, Don Esteban de Gamarra, hatte auf die Bitte des Kaisers das Archiv Friquets in Verwahrung genommen, und von der Gelegenheit Gebrauch gemacht, um es zu entsiegeln und durchzulesen. Ein Beweis des hohen Vertrauens, das man spanischerseits in die Versicherungen des Kaisers setzte! *)

Was Grémonville den kaiserlichen Räthen bieten durfte, ist

---

*) Müller, Nederlands eerste Betrekkingen met Oostenrijk S. 14. Das war wohl auch die Ursache des großen Mißverständnisses, das, wie in Paris überall ausgegeben wurde, zwischen dem Kaiser und Spanien herrschte. (Paris am 12. November 1667. Wida an Leopold.)

daraus zu ersehen, daß er die rasche Uebergabe der festen und be=
deutenden Plätze in Flandern nur auf die Kunstgriffe Castel Ro=
drigos zurückführte, der so allmählich den Kaiser dazu bringen
wolle, sich für Spanien offen zu erklären [3]).

In England gestaltete dem äußeren Scheine nach Clarendons
Sturz anfangs September die Sachlage wieder günstiger für
Spanien und den Kaiser.

Noch am 19. September meldet Lisola nach Wien, daß der
König seinen Vorschlägen zuzuneigen beginne. Ludwig aber, dem
Lisolas Mission bekannt geworden war, wußte Karls stete Geld=
verlegenheit auszunützen und schickte den Marquis von Ruvigny
mit einer bedeutenden Geldsumme zu Bestechungszwecken nach
London. „So verloren Lisola und Molina, trotz der günstigen
Gesinnung des Parlamentes täglich an Terrain, da sie gänz=
lich von Mitteln entblößt waren und den klingenden Gründen
des Gegners nur Gründe der Vernunft entgegen zu setzen ver=
mochten" [4]).

Uebrigens versäumte Ludwig nicht, Lisola durch Grémonville
beim Kaiser anschwärzen zu lassen, als ob er durch sein Verhandeln
mit Mitgliedern des Parlamentes die Autorität des Königs unter=
graben helfe und sich überhaupt in die inneren Angelegenheiten
Englands einmische. Dies blieb auch nicht ohne Wirkung, wie
des Kaisers tadelnde Bemerkungen in seinem Briefe an Lisola vom
4. Oktober 1667 darthun [5]).

Ludwig war es auch nach dem Frieden von Breda trotz
glänzender Geldanerbietungen nicht gelungen, mit Schweden ein
ihm genehmes Abkommen zu erzielen [6]). Zwischen Wasserode und
dem schwedischen Hofe wurde eifrig verhandelt. Nur die leidige
Geldfrage zog den Abschluß des Bündnisses immer weiter und weiter
hinaus. „Wir sind keine Tartaren, die nach Empfang des Geldes
sogleich aufsitzen, sagte der Kanzler Güldenstern; aber wir bedürfen
eines Trostes für den Unterhalt unseres Heeres. Der Franzose
Pomponne kargt nicht mit seinen Anerbietungen*). Aber Spanien

---

*) „Man hatte, wie der schwedische Gesandte zugibt, von Seiten Frank=
reichs Schweden nahegelegt, gelegentlich einen Einfall in Schlesien und Böhmen
zu machen und sich dieses Königreiches zu bemächtigen. Schweden lehnte ab."
Paris am 3. Dezember 1667. Wicka an Leopold. K. I. A.

würde, wenn es uns den Sold zahlt für 20,000 Mann, anstatt eines eigenen Heeres, sogar erheblich sparen"[7]).

Als dem Kaiser am 14. September der Bündnißvertrag mit Schweden zur Revision eingeschickt wurde, da kamen den kaiser= lichen Räthen wieder Bedenken. Man wollte die ganze Last der Subsidien auf Spanien überwälzen. Man verlangte demgemäß von Spanien, daß es in diesem Sinne auf Abschließung eines doppelten Vertrages zwischen Schweden und Oesterreich und Schwe= den und Spanien hinarbeite[*]).

Im Monate September war es Gravel unter Anwendung von allerlei Mitteln, zu denen auch Bestechungen gehörten, endlich auch gelungen, daß sich das Kurfürstencollegium offen gegen die Garantie des burgundischen Kreises aussprach[8]).

Nach den letzten bedeutenden Erfolgen hatte Ludwig den Fort= gang seiner Eroberungen gehemmt, um Europa Mäßigung zu zeigen. Am 7. September war er bereits wieder in St. Germain. Ludwig stellte diesen frühzeitigen Abschluß des flandrischen Feldzuges als einen Beweis seiner friedlichen Absichten hin, gleichsam als eine Gefälligkeit, die er dem Wiener Hofe erweisen wollte.

Der Marquis de Malagon, der nun einsah, daß er den Kaiser zum Kriege gegen Frankreich nicht werde bestimmen können, ließ nun von diesem Plane ab und begnügte sich damit, Hilfe für Flandern zu verlangen.

Da er die Wegschickung Grémonvilles nicht durchzusetzen ver= mochte, überredete er die Höflinge dahin, daß sie mit Grémonville nicht mehr sprechen sollten.

Um den spanischen Gesandten doch in etwas zu befriedigen, hatte der Kaiser Ende September endlich wirklich den Befehl ge= geben, die Aushebungen zu beginnen, um die Mediation im Noth= falle mit den Waffen in der Hand zu unterstützen. Diese Re= krutirungen sollten für die Infanterie im November und für die Kavallerie im December vorgenommen werden. Sie sollten sich

---

[*]) Wien am 17. Oktober 1667. Leopold an den Grafen von Pötting. — Daß man übrigens in Stockholm trotz der Aeußerungen des Grafen Magnus zu Pomponne keine allzugünstige Meinung von des Kaisers Energie hatte, dar= aus machte Pufendorf Wida gegenüber kein Hehl. (Paris am 9. Sept. 1667, Wida an Leopold.) K. k. A.

auf 16,000 Mann belaufen, während man offiziell nur 8000 zu-
gestehen wollte. Die Kosten vermeinte man mit den 500,000 bis
600,000 Gulden zu decken, welche die Erbstaaten als außerordentliche Steuern zu liefern hatten *).

Diese Nachrichten in Verbindung mit jenen über Lisolas
Thätigkeit in England, Basserodes in Stockholm, sowie über das
kriegerische Drängen des Brandenburgers machten den französischen
Hof ernstlich besorgt.

In der That erschien am 11. Oktober Wicka in voller Gala
am frühen Morgen im königlichen Hoflager zu St. Germain mit
einem eben aus Wien angekommenen Courier und bewarb sich durch
Lionne um eine Audienz beim König.

Nachdem Wicka bei Lionne vorgelassen worden und die üb-
lichen, höflichen Eingangsfloskeln gefallen waren, hielt es Wicka
für angemessen, „auf einmal diesen Diskurs abzubrechen und Lionne
mit etwas ernstlicher Manier und mit ponderirten Wörtern zu
bitten", er möge ihm alsogleich Audienz beim Könige verschaffen,
„da ihm ein eigener Courier unterschiedliche Packets in größter
Eile sammt einem allergnädigsten Befehl vom Kaiser mitgebracht,
den Inhalt derselben dem Könige vorzutragen". Die Einwendung
Lionnes, der König wäre mit Colbert bereits in den Finanzrath
gegangen, ließ Wicka nicht gelten, da er wohl wußte, daß der
König um diese Stunde noch nicht angekleidet sei. Lionne wünschte
nun zu wissen, weß' sein Begehr. Wicka erwiderte, er könne dies
nur Sr. Majestät selbst und womöglich in einer Privataudienz in
Gegenwart des abgefertigten Couriers offenbaren, damit dieser die
Antwort selbst vernehme. Dieses geheimnißvolle und ungewöhnlich
entschlossene Auftreten des Gesandten mußte natürlich die Meinung
aufkommen lassen, es handle sich zweifellos um unliebsame Entschlüsse des Kaisers hinsichtlich der Defension der Niederlande. So
wurde denn der kaiserliche Gesandte „in die Kammer des Königs
geführt, wo sich dieser anzulegen pflegt und selbiges Mal barbieren
lassen" und von Ludwig in Privataudienz empfangen. Dem
König, der „scharf und bleich aussehend" an einem kleinen Tische
saß, theilte nun der Gesandte nach längerer wohlstudirter Ein-
leitung auf des Kaisers Befehl mit, „daß gegenwärtiger Kammerdiener von Wien in größter Eile abgefertigt worden wäre, Sr. königl.

Majestät und dem königlichen Hause die fröhlichste und die hoch=
importirliche Zeitung der hocherwünschenen glücklichen Niederkunft
der Kaiserin und Genesung eines Gottlob frischen und wohlgestalten
jungen Prinzens anzukündigen“. Der König, der auf nichts weniger
denn eine Kriegserklärung oder dergleichen gefaßt war, schnellte von
seinem Sitze freudig auf, und gewann wieder seine rothe Gesichts=
farbe. Ja seine freudige Erregung war so groß, daß er höchst
eigenhändig die Königin aus den Federn trommelte und mit lauter
Stimme mehrmals ausrief: „L’impératrice est accouchée et a fait
un garçon! Voici le résident de l’empereur, et un valet de chambre
envoyé de Vienne, qui vous en diront les particularités“ *). Natür=
lich beglückwünschte der König den Gesandten bestens zu dem glück=
lichen Ereigniß und Lionne, dem nun ein Stein vom Herzen ge=
fallen war, sagte lachend zu Wicka: „Na, Sie haben uns einen
schönen Schrecken eingejagt, aber es ist gut ausgegangen“. Auch
das übrige biplomatische Corps der fremden Mächte war der festen
Ueberzeugung gewesen, daß Wicka ernste Nachrichten aus Wien zu
überbringen habe.

Das war Wickas größte biplomatische That. Er bildete sich
auch nicht wenig darauf ein. Er erzählte sie wenigstens mit einer
Breitspurigkeit, welche deutlich die selbstzufriedene Eitelkeit durch=
schimmern läßt [10]).

Er wollte damit offenbar Grémonvilles Vorgehen copiren **).
Leider ist es bekanntlich nicht dasselbe, wenn zwei dasselbe thun.

Mit solchen harmlosen Späßen suchte die kaiserliche Diplo=
matie dem geriebenen Lionne zu imponiren. Wahrlich! Das waren
Gegner, wie sie sich Ludwig nur wünschen konnte!

In Wien hatte die kriegerische Stimmung indessen wirklich auf
einige Zeit die Oberhand gewonnen.

Am 6. Oktober nahm Grémonville Audienz beim Kaiser und
drohte dabei ziemlich unverhüllt mit Gegenmaßregeln, wenn die Re=
krutenaushebungen fortgesetzt würden.

---

*) „Die Kaiserin ist niedergekommen und hat einen Knaben geboren.
Hier ist der Gesandte des Kaisers und ein aus Wien geschickter Kammerdiener,
welche Ihnen die Einzelheiten mittheilen werden.“

**) S. S. 46.

„Als Grémonville kurze Zeit nachher abermals wegen der Rüstungen anfragte, erwiderte Graf Lamberg: Alle Welt waffne, der westphälische Kreis stelle 25,000 Mann, die Schweden erwarten nur Geld aus Holland um zu rüsten, die Türken bedrohen Polen: alles das zwinge den Kaiser sich zu rüsten. Auch Lobkowitz wollte Grémonville etwas Aehnliches weißmachen, dieser aber meinte, er könne die Moskowiter und Tartaren täuschen, nicht aber den König von Frankreich; dieser sei gut unterrichtet von den Schritten der kaiser=lichen Regierung, England und Holland zu gewinnen. Lobkowitz erwiderte darauf: Der Gesandte könne glauben, was er wolle: aber er sei in Wahrheit ein Diener des Königs wie des Kaisers und liebe ihre Interessen wie seine eigenen; der Kaiser denke nicht daran, die Rüstungen gegen Frankreich zu wenden" [11].

Die Verhandlungen zwischen Schweden, dem Kaiser und Spanien nahmen gleichwohl ihren Fortgang.

Schweden sollte für eine reichliche Zahlung 24,000 Mann an Spanien und den Kaiser überlassen, beiderseits mit dem Vorbehalte, wenn derselbe ratificirt sei, Brandenburg zum Beitritt einzuladen [12].

Im Schreiben vom 17. Oktober 1667 an den Grafen von Pötting meint Leopold, es handle sich in erster Linie darum, daß die Geldhilfe den Schweden sicher geleistet werde, sonst sei die Ge=fahr vorhanden, daß sie wieder von Spanien und dem Kaiser ab=fallen.

Ludwig XIV. war entzückt über die Geschicklichkeit und Kühn=heit, mit der Grémonville seit mehreren Monaten die Vermehrung der kaiserlichen Armee hinderte, indem er den kaiserlichen Hof ein=schüchterte. De Lionne schrieb ihm hierüber aus St. Germain unter dem 25. Oktober: „Der König hält Sie für den unver=schämtesten Gesandten auf der ganzen Erde (und darin liegt eben das größte Lob, welches Se. Majestät Ihnen geben kann), da Sie es sich in den Kopf gesetzt haben, durch Ihre Ueberredungskunst und durch Ihre Drohungen zu verhindern, daß ein Nachfolger der Cäsaren es wagt, Truppenaushebungen vorzunehmen" [13].

1) Mignet II. 226.
2) Mignet II, 230—236. — Wagner, S. 214.
3) Mignet II, 235.
4) Klopp, S. 193—198.

5) Mignet II, 239; Klopp, S. 189, 192, 389.

6) Mignet II, 317.

7) Bericht Basserodes aus Stockholm an Lisola. 7. September 1667. Klopp, S. 184.

8) Mignet II, 257.

9) Mignet II, 236—241.

10) Paris 14. Oktober 1667. K. k. A.

11) Wolf, Lobkowitz. S. 168 und 169.

12) Droysen III, 3. 267. Das Projectum foederis defensivi zwischen dem Kaiser und Schweden umfaßt 16 Punkte. Dazu noch die „geheimen" Artikel über die Zahl der Truppen und ihre Besoldung. K. k. A.

13) Mignet II, 249.

---

16. Die Beziehungen zwischen dem Wiener und Berliner Hof erkalten durch die Schuld des Kaisers.

Ende September 1667 war eine engere Allianz zu Köln zwischen Mainz, Köln, Münster, Pfalz Neuburg und Brandenburg ge= schlossen worden. Sie beschränkte sich auf die Sicherung des Reichs und den Versuch der Mediation. „Die Materia ipsa wurde zu dem allgemeinen Reichstag nach Regensburg remittirt" [1].

Da Köln blindlings der Weisung Frankreichs folgte, so war es klar, daß die Berufung zum Kölnertage auf französischen Anlaß geschehen sein mußte. Der Kurfürst von Brandenburg hatte aber keinen Anstand genommen, den Tag zu beschicken, einerseits wohl darum, weil er mehrere Eisen im Feuer haben wollte, andererseits, weil er da auch wieder im Sinne des Bündnisses mit dem Kaiser wirken konnte [2].

In der That suchte auch bei den diesbezüglichen Verhand= lungen Brandenburg Stimmung gegen Frankreich zu machen*).

In Wien wiederum, wo man anfänglich des Kurfürsten Eifer gern gesehen hatte, wurde man naturgemäß durch die Kölner Vor=

---

*) „Brandenburg scheint nicht von den besten Absichten gegen Frankreich erfüllt zu sein." Cöln am 3. Oktober, Gomont an de Lionne. Mignet II, 269.

gänge etwas beunruhigt; man fürchtete des Kurfürsten weitere Absichten [3]).

Andererseits hatte man in Berlin allmählich die nur allzu berechtigte Ueberzeugung gewonnen, daß die Versprechungen und Unterhandlungen, die von Wien aus ergingen, eines reellen Untergrundes entbehrten und leeres Geflunker seien. Und so sah sich denn auch der Baron von Schwerin genöthigt, dem kaiserlichen Gesandten von Goëss zu erklären, daß ohne wirkliche Bemühungen seitens Spaniens und des Kaisers der Kurfürst nichts thun könne. „Ich muß bekennen", fügte Goëss hinzu, „daß man mit Offerten freigebig ist, aber nichts hält. Das schadet der Sache nur" [4]).

In der zweiten Hälfte des Monats Oktober*) kam von Paris an Millet ein Schreiben, welches dieser dem Kurfürsten vorlas und worin ausgeführt war, daß der König von Frankreich bereits Kunde erhalten habe, der Kurfürst wolle den kaiserlichen Hilfsvölkern, die dieser nach den Niederlanden zu schicken beabsichtige, den Durchzug verwilligen; es sei ferner bekannt, daß der Kurfürst den kaiserlichen Gesandten in Berlin stets antreibe, „damit er die kaiserliche Majestät zu besserer Resolution in dem niederländischen Werk vermögen und anfrischen solle". Der König wolle es aber nicht glauben und besseres Vertrauen in des Kurfürsten Freundschaft setzen [5]).

Mußte durch dieses Vorgehen seitens des Wiener Hofes der Kurfürst nicht mit Gewalt in die Arme Frankreichs getrieben werden und den verlockenden Vorschlägen des französischen Gesandten mehr und mehr ein williges Ohr leihen?

Ueber die Schwaghaftigkeit, die am Wiener Hofe herrschte, hatte sich auch Graf Waldeck dem Goësse gegenüber ausgesprochen. Waldeck hatte mehrmals am kaiserlichen Hofe negotiirt und erzählte, es werde daselbst kein Secretum gehalten. Alles, was er sagte, wußte kurz darauf beinahe wörtlich der Graf Wilhelm von Fürstenberg und warf es ihm vor. Darüber, behauptete er, beklagen sich alle Potentaten und Ministri an anderen Höfen, dadurch geschehe, daß alle zurückhaltend würden. Es herrschen viele discordiae und Mißverständnisse unter den kaiserlichen Ministern.

---

*) Mignet II. 287 berichtet dies schon unter dem 12. Oktober.

„Ich kann Euerer Majestät nicht aussprechen", fügte von Goëssse hinzu, „was für einen großen Schaden der kaiserliche Dienst wegen dieser fast universalen Opinion, daß kein Secretum bei uns sei, leide. Was man an den kaiserlichen Hof berichte, das werde dort public. Besonders der Grémonville habe Mittel und Wege, alles inne zu werden"[*]).

Wie Brandenburg waren auch die braunschweigischen Herzoge zu Zell und Osnabrück zu einer Allianz mit dem Kaiser bereit. Sie machten Ende Oktober durch ihren Abgesandten Hammerstein in Wien den Antrag, zehn- bis zwölftausend Mann zu stellen. Nur müsse der Sold dafür kaiserlicherseits oder von Spanien ge- tragen werden. „Da ich aber selbst keine Mittel habe," schreibt Leopold an den Grafen von Pötting unter dem 9. November 1667, „so soll Castel Rodrigo solche flüssig machen und zusehen, daß diese in Aussicht stehende Hülfe nicht den Feinden zuwachse"[*]). Der braunschweigische Abgesandte ließ sich aber gleich anfangs auch dahin vernehmen, daß er nur mit Uebereinstimmung des Kurfürsten zu Brandenburg und der Generalstaaten abschließen werde[7]).

In Berlin bekamen nun die Franzosen allmählich Oberwasser. „Ich vermerke," schreibt von Goëssse an den Kaiser[*]), „daß man von allen Seiten sehr darauf hinarbeitet, diesen Kurfürsten zur Neutralität in re belgica zu bringen. Alle die anderen Kurfürsten scheinen dieser Intention zu sein. Der König in Frankreich ver- spricht hier aureos montes. Etliche dieser ministrorum, welche ohne- dem dazu incliniren, möchten völlig gewonnen werden"[**]). Dazu

---

[*]) Damit hing auch offenbar Kramprichs Sendung nach dem Haag zu- sammen. Die Staaten sollten die nöthigen Subsidien beischießen. Wenigstens erhielt Kramprich zur selben Zeit (9. November) den Befehl: citatis equis, absque strepitu nec tactis locis pestiferis nach Holland zu reisen. (Müller, S. 14.)

[**]) Vergleiche damit Mignet II, 288. „Am 18. Oktober 1667 kündigte Millet Lionne die Ankunft des Residenten von Neuburg an. Dieser beeilte sich den Baron von Schwerin aufzusuchen, welchem er die Alternative anbot: ent- weder das Herzogthum Geldern, wenn sein Herr sich für Frankreich erklären wollte, oder den Beistand Frankreichs in Polen, wenn er sich darauf beschränken wollte, neutral zu bleiben. Er versprach außerdem 10,000 Thaler dem Baron Schwerin, damit er in diesem Sinne beim Kurfürsten handle, auf welchen er einen großen Einfluß ausübte." „Die versprochenen 10,000 Thaler brachten ihre Wirkung hervor." — Droysen III, 3, S. 203 bemerkt zu diesem Kapitel:

komme, daß sich der französische König den Aspirationen des Neu=
burgers auf die polnische Krone günstig zu sein darstellt, um den
Kurfürsten, der auf diese Sache insbesonders erpicht ist, zu gewinnen.
„Es würde meines Erachtens gut sein, wenn man von spanischer
Seite die Traktate mit dem Kurfürsten beschleunigte; denn die
Verzögerung gibt der andern Partei Gelegenheit, denselben davon
zu divertiren und auf andere Gedanken zu bringen. Ich kann mir
wohl einbilden, daß man's lieber bis gegen Frühling würde an=
stehen lassen, sonderlich quoad subsidia. Es ist aber die Frag',
ob der Kurfürst bis dahin darauf warten wird." „Ich hab's Euerer
Majestät unterthänigst erinnern wollen, damit Sie sehen mögen,
wie gefährlich es ist und was man endlich zu gewarten, wann ich
solchen starken Machinis nichts anderes zu opponiren als nudas
verbales remonstrationes, welche sonderlich bei diesem unserm Saeculo
wenig zu richten pflegen, wo von der andern Seite ferro et auro
herentgegen operirt wird."

Der Kurfürst wurde von Frankreich äußerst zart angefaßt.
Millet erklärte sogar, daß er durch den mit Frankreich zu schließenden
Vertrag durchaus nicht gehindert sein solle, seine Reichspflicht zu
leisten, falls etwa der Kaiser und das Reich beschließen sollten, sich
des burgundischen Kreises anzunehmen. Damals war man eben
französischerseits des Kaisers bereits so ziemlich sicher[9]).

In den ersten Tagen des N o v e m b e r ließ der Kurfürst durch
den Baron von Schwerin dem kaiserlichen Gesandten mittheilen,
daß trotz der Abmachungen mit dem Markgrafen von Baden die

„Unter den Räthen des Kurfürsten war durchaus nicht der Gegensatz der
Richtungen, auf welchen Millet in seinen Berichten nach Paris so großes Ge=
wicht gelegt hat; wenigstens eine f r a n z ö s i s c h e P a r t e i gab es an
d i e s e m H o f e n i c h t, und die g l ä n z e n d e n G e s c h e n k e, die M i l l e t
m a c h t e oder v e r s p r a c h, b l i e b e n o h n e d i e e r s e h n t e W i r k u n g."
Dagegen scheint aber entschieden der Brief Lionnes vom 26. November an Millet
zu sprechen, worin es heißt, es soll nur mit dem Gelde nicht gespart werden,
um die Minister des Kurfürsten zu gewinnen. Mignet II, 294. — Ebenso be=
dauerte Meindres, einer der zwei kurbrandischen Gesandten an dem französischen
Hof Wicka gegenüber, „daß fast an allen Höfen durch französisches Geld
ministri sich so leichtlich, w e l c h e s e b e n f a l l s bei diesem Hof schon ein=
gerissen, c o r r u m p i r e n l a s s e n." Wicka an Leopold. Paris am 17. Fe=
bruar 1668. K. t. A.

6*

ganze Sache durch die Schuld Spaniens wieder ins Stocken ge=
rathen sei. Es sei nun ruchbar geworden und er hätte schlechten
Dank dafür geerntet. Er müsse die Offiziere und Leute, die er
bereits gestellt, wiederum gehen lassen. Er müsse wohl oder übel
die von den Franzosen angebotene Neutralität annehmen, da er
von den andern Seiten nur leere Reden zu hören bekomme [10]).

Das Mißtrauen gegen den Wiener Hof nahm stetig zu. Es
kam dem Kurfürsten sonderbar vor, daß man ihn von dem Bündniß,
welches der Kaiser mit Schweden und Spanien schließen wolle, nicht
unterrichte, und daß ferner Basserode nach Wien soll berichtet
haben, der Kurfürst werde ein Bündniß mit den protestantischen
Fürsten eingehen [11]).

Unter diesen Umständen lehnte nun auch der Kurfürst den
am 6. November zu Haag zwischen seinem Gesandten Blaspil und
Castel Rodrigo unterzeichneten Vertragsentwurf ab [12]).

„Der Kurfürst war früher den Franzosen ganz abgeneigt, aber
da er bei uns weder in der polnischen noch in der belgischen An=
gelegenheit Gehör gefunden, wurde er, trotz seiner persönlichen Ab=
neigung mehr und mehr den Franzosen in die Arme getrieben."
So schrieb am 25. November 1667 der kaiserliche Gesandte nach
Wien. Und noch am 2. December 1667 heißt es in dem Gesandt=
schaftsbericht: „Der Kurfürst ist uns noch immer geneigt".

Damit übereinstimmend spricht sich de Lionne in seinem
Schreiben vom 22. November an Millet dahin aus, daß es d e r
K u r f ü r s t a l l e i n sei, der gerne die andern zu einem Bündniß
gegen Frankreich bewegen möchte. Daher müsse er um jeden Preis
gewonnen werden [13]).

„In der That behielt der Kurfürst noch immer die Möglich=
keit eines Bruches mit Frankreich im Auge. Der schwedisch=öster=
reichische Defensivvertrag brauchte nur vollzogen, die Wahl des
Pfalzgrafen in Wien nur zugestanden zu werden, so waren die drei
vereinten Mächte stark genug, Ludwig XIV. jenseits des Rheins
die Spitze zu bieten, und die französische Intrige in Polen erlosch
von selbst. Daß die Staaten und England sich nicht für Frank=
reich erhoben hätten, verstand sich von selbst; und wenn der Kaiser
und Brandenburg vereint waren und Ernst zeigten, war von den
Fürsten und Ständen im Reich wenig zu fürchten; die wenigsten

waren in Rüstung, die meisten schwankend, der wirkliche Anhang Frankreichs, Baiern*), Kurköln, Münster, wäre still geblieben oder mit fester Hand niedergehalten worden."

„Blumenthal, der vom Kurfürsten in letzter Stunde noch nach Wien entsendet worden war, um die Stimmung am Kaiserhofe zu sondiren, wurde sehr kühl aufgenommen. Seine ersten Briefe, sie kamen am 10. und 13. December an, meldeten von großem Miß=trauen gegen Schweden, größerem gegen Brandenburg, als wenn Frankreich das ganze Pommern unter des Kurfürsten Botmäßigkeit zu bringen versprochen habe" [14]).

Unter solchen Umständen sah sich der Kurfürst aus Rücksicht für seine eigene S i c h e r h e i t genöthigt, am 15. December einen Vertrag zu unterzeichnen, durch welchen sich Brandenburg ver=pflichtete, sich nicht in den Krieg zwischen Frankreich und Spanien zu mischen und nur zu einem guten Abkommen das Seinige bei=zutragen und Niemandem den Durchzug nach den Niederlanden zu gestatten [15]). Das war der Erfolg der verblendeten kaiserlichen Politik!

Mangel an Offenheit, Mangel an Thatkraft und Entschlossen=heit, der Wunsch, selbst nichts zu thun und immer Andere vorzu=schieben, Vertrauen und Mißtrauen am unrechten Platze, führten dahin, daß der kaiserliche Hof alle wirklichen Freunde von sich stieß und sich den Feinden überlieferte**).

---

*) Kurbaiern hatte es unter dem 30. September 1667 abgelehnt, mit dem Kaiser ein Bündniß einzugehen, weil ohnehin die kurfürstliche Mediation zum Ziele führen werde. Bezüglich der Rheinliga erklärte der Kurfürst, „daß, wie er bisher in derselben nicht begriffen gewesen, sich auch fürderhin derselben nicht theilhaftig machen wolle; im übrigen aber sehe er nicht ein, was sie für einen Schaden bisher verursacht habe oder noch verursachen werde können". Hispanica Extractus. K. k. A.

**) Als der Baron von Goëße gegen den Neutralitätsvertrag zwischen Brandenburg und Frankreich gelegentlich einmal sein Bedenken vorbrachte, er=widerte ihm der Baron v. Schwerin, der Kaiser sei selbst daran schuld, da er trotz vielfachen Drängens von Seite des Kurfürsten sich niemals erklären wollte. (Berlin am 20. Jänner 1668.) — Der Noth gehorchend, nicht dem eig'nen Triebe, hatte der Kurfürst mit Frankreich abgeschlossen. Er ging auch in der Folge sehr behutsam zu Werke. Lionne hatte einen ebenbürtigen Gegner ge=funden. Sie suchten sich, wie Pufendorf meinte, gegenseitig zu überlisten. (Paris am 27. Jänner 1668. Wicka an Leopold.)

1) Droysen III, 3. S. 211. Hispanica Extractus. R. l. A.
2) Droysen III, 3. S. 200.
3) Droysen III, 3. S. 212.
4) Berlin am 14. Oktober 1667. R. l. A.
5) Berlin am 28. Oktober 1667.
6) Berlin am 23. September 1667. Goëffe an den Kaiser.
7) Wien am 16. Februar 1668. Leopold an den Grafen Pötting.
8) Berlin 28. Oktober 1667.
9) Droysen III, 3. S. 216.
10) Berlin am 7. November 1667.
11) Berlin am 21. November 1667.
12) Droysen III, 3. S. 212. — Mignet II, 596.
13) Mignet II, 292.
14) Droysen III, 3. S. 218.
15) Mignet II, 299—301.

---

17. Durch den Theilungsvertrag zwischen Frankreich und Oesterreich über das spanische Erbe wird Leopold ganz von der Unterstützung der spanischen Seitenlinie abgezogen.

Trotz der Ablehnung eines eventuellen Theilungsvertrages des spanischen Erbes seitens des Wiener Hofes kam Ludwig wieder darauf zurück, als er aus den Berichten Grémonvilles entnehmen mußte, daß nun in Oesterreich die kriegerische Stimmung doch mehr und mehr Oberwasser gewinne. Gleich nach dem Scheitern von Fürstenbergs Mission hatte übrigens Lionne Ende März dem kaiserlichen Gesandten von Wicka in Paris in dieser Richtung auf den Zahn zu fühlen versucht, freilich ohne Erfolg[1].

Kaum einen Monat darauf erwähnte der französische Minister Wicka gegenüber gesprächsweise, daß, wenn der Kaiser sich zu der eventuellen Theilung der spanischen Monarchie nach des Grafen Fürstenberg Vorschlag verstanden hätte, das Unternehmen gegen die Niederlande unterlassen worden wäre. Aehnliche Andeutungen ließ auch Fürstenberg fallen; ebenso noch später ein kurmainzischer Abgesandter[2]. Auch Grémonville steckte Ende Mai in Wien seine Fühler diesbezüglich aus. Aber Lobkowitz ging vorderhand nicht darauf ein[3].

Am 28. Oktober ſchrieb nun Lionne an Grémonville, daß Wicka ſich vor einigen Tagen dem Landgrafen Fürſtenberg gegen= über dahin ausgeſprochen habe, es ſei jetzt in Wien mehr Neigung vorhanden, auf die Eröffnung hinſichtlich eines eventuellen Ver= trages einzugehen. Wenn ſich dies ſo verhielte, ſo wäre ein ſchöner Schnitt zu machen, der angenehm die ganze Chriſtenheit überraſchen würde. Die Hauptklippe bilde aber zweifelsohne die Verzichtleiſtungs= frage [4]).

Daß de Wicka die Initiative ergriffen, iſt entſchieden unrichtig, wie aus dem Nachfolgenden deutlich hervorgeht. Es liegt eben eine Art jener „abſichtlichen Täuſchungen" vor — allerdings hier gegen den eigenen Geſandten, — mit denen die Diplomaten aus der Schule Mazarins ſo vortrefflich ihre Karten zu miſchen verſtanden. Am 23. Oktober wurde nämlich zu Ehren des neugeborenen kaiſer= lichen Prinzen zu Paris ein Feſt gegeben. Auf demſelben erſchien auch Graf Wilhelm von Fürſtenberg und nahm de Wicka abſeits, um mit ihm wegen eines Accommodements zwiſchen den beiden Kronen zu ſprechen. De Wicka meinte, es wäre zu wünſchen, der König hätte die Unternehmung gegen die Niederlande nicht begonnen. Es ſei übrigens der Reichstagsbeſchluß abzuwarten. Daraufhin bemerkte Graf Wilhelm: „Hätte man vor einem Jahre ſeinen gut gemeinten Propoſitionen zu Wien Gehör gegeben und wäre man auf die Eventual=Diviſion der ſpaniſchen Monarchie, welche man auf ein neues zu erheben dieſſeits bedacht ſei, eingegangen, würden dieſe Impreſa des Königs auf das Niederland unterblieben ſein." Wicka erklärte, darüber keinerlei Nachricht aus Wien zu haben. Einige Zeit nachher, bei einem neuerlichen Zuſammentreffen mit Wicka, drang Fürſtenberg abermals in denſelben, die Eventual=Di= viſion dem Kaiſer zu proponiren. Wicka erwiderte, man habe ja den Grémonville in Wien und ſolle dieſen mit dem Auftrage betrauen. — Wicka fügt ſeinem Berichte darüber die ehrliche Warnung hinzu: „Nach meiner Meinung iſt die Propoſition der Eventual=Diviſion viel mehr geeignet das hoch= löbliche Erzhaus zu zerſtören, als eine allgemeine Ruhe zu ſtiften. Es werde dadurch auch die Nullität der Renunciation gut geheißen. Das beſte wäre, eine große Macht aufzubringen, um Frankreich wirkſam entgegentreten zu können" [5]).

Schon unter dem 28. Oktober hatte übrigens Wicka gemeldet: „Es soll auch dem Grémonville nächster Tage der Befehl auf= getragen werden, die Eventual = Division der spanischen Monarchie wiederum zu proponiren".

Grémonville suchte sich mit Geschick seiner Mission bei dem Fürsten Lobkowitz zu entledigen. Dieser gab ihm über die Ab= sichten des kaiserlichen Hofes vertrauliche Aufschlüsse, die er ihm geheim zu halten an's Herz legte.

Er ersuchte ihn auch, den König zu bitten, Niemandem davon etwas mitzutheilen, insbesondere dem Grafen Wilhelm Fürstenberg nicht, der in seinen Augen ein Sklave, ein Verräther an seinem Vaterlande sei. Hätte Grémonville an seiner Statt die Vorschläge im Frühjahr in Wien gemacht, so wäre der Ausgang zweifellos ein anderer gewesen. Lobkowitz gab Grémonville den Rath, sich an Auersperg zu wenden; dieser sei ohnehin wie ein verlorner Posten, der nur darnach ausluge, sich durch einen außerordent= lichen Dienst bei dem Kaiser und den Spaniern in Gunst zu setzen.

Ueber die gute Meinung, welche Lionne bezüglich seiner Person hegte, war Lobkowitz sehr gerührt. Er umarmte Grémonville wenigstens 10 mal.

Grémonville war über das außergewöhnliche Entgegenkommen Lobkowitz' sehr erstaunt. Er fürchtete schon, daß dieser ein Spiel mit ihm treiben wolle. Indessen befolgte er seinen Rath und wandte sich an Auersperg. Schon bei der ersten Zusammenkunft, welche Grémonville mit Auersperg hatte, wies dieser den Antrag nicht mehr ganz zurück. Er meinte, der Vorschlag könne entweder die Absicht enthalten, sie einzuschläfern, oder sie mit Spanien zu entzweien; aber er könne auch wirklich ernst gemeint sein.

„Er bat sich nur einige Tage Bedenkzeit aus. Am nächsten Morgen trug Auersperg in einer Conferenz dem Kaiser die Vor= schläge Frankreichs vor und wußte sie so annehmbar darzustellen, daß Lobkowitz, als er nach der Sitzung Grémonville begegnete, diesem zuflüsterte: „Betreiben Sie Ihre Sache, sie steht gut, mehr kann ich nicht sagen; Auersperg kann es durchsetzen" *).

Als Grémonville merkte, daß Auersperg sich gegen seinen Plan nicht ablehnend verhalte, da bethörte der schlaue Franzose den kaiser= lichen Minister mit den Sirenentönen der Schmeichelei. Wer ver=

mag auch dieser Sprache zu widerstehen! Die Ueberzeugung, daß er vom französischen König ausersehen worden, in dieser hoch= wichtigen Angelegenheit zu verhandeln, machte Auersperg ungemein stolz. Er hatte keine Ahnung, daß Lobkowitz und Grémonville unter einer Decke spielten [7]).

Dazu kam noch die Aussicht auf den Cardinalshut. „Auers= perg war damals 53 Jahre alt, ein glücklicher Familienvater, seit 13 Jahren mit einer Gräfin Katharina Lohenstein verheirathet, hatte drei Söhne und drei Töchter, war ein Deutscher, in der theologischen Wissenschaft wenig bewandert, und doch war in ihm der seltsame Ehrgeiz wach geworden, Cardinal werden zu wollen. Man wußte davon am Wiener Hofe. Der Kaiser hatte ihm sein Fürwort versprochen und 1667 zu Gunsten Auerspergs nach Rom geschrieben. Auch Grémonville hatte davon gehört und war ent= schlossen, die Schwäche des Ministers gehörig auszunützen. Er empfahl die Angelegenheit seinem Könige und fügte hinzu: „Wenn Auersperg durch Geschicklichkeit, Klugheit und guten Rath die Sache zu einem guten Ende führt, so hat er der Christenheit, seinem Herrn und dem Vaterlande einen großen Dienst erwiesen; kein Lob, keine Belohnung sei so groß, daß er sie nicht verdiene; und er hoffe, daß der König seine Bemühungen mit denen Leopolds vereine" [8]).

Das Cardinalat war denn auch während der Verhandlungen für Grémonville ein „Ragout", dessen er sich bediente, um Auers= perg die schwierigsten Punkte mundgerechter zu machen [9]).

Dieser nahm Grémonville feierlich das Versprechen ab, keinen andern Minister in das kostbare Geheimniß einzuweihen!

Am 25. November theilte Auersperg dem Grémonville mit, unter welchen Bedingungen sich der Kaiser in diese delicate Ver= handlung einlassen wolle. 1) Sollten die Vorschläge bestimmt und billig sein; 2) sollten sie ohne Zeitverlust gemacht werden; 3) sollten sie so beschaffen sein, daß man den anzustrebenden Zweck auch wirk= lich erreiche.

Der dritte Punkt wollte besagen, daß der Kaiser absolutes Geheimniß in der Angelegenheit wünsche [10]).

Auersperg und Grémonville kamen demgemäß überein, daß alle Verhandlungen bis zur endgiltigen Abmachung mündlich sein sollten. Man wollte auch nur mit Grémonville unterhandeln, in dessen Aufrichtigkeit man Vertrauen setzte. Grémonville macht in seinem Berichte dazu die boshafte Bemerkung, „wie e r" (Auersperg) sagt (ainsi qu'il dit). Grémonville war eben eine jener schlauen Naturen, die unter der gut gewählten Maske der Biederkeit und Offenheit nur um so sicherer die Leute hinter's Licht führen.

Auersperg hoffte auch, daß nun, da der Kaiser sich in diese Angelegenheit eingelassen habe, der König etwas von seinen gegen= wärtigen Ansprüchen ablassen werde [11]).

Ab und zu kamen dem kaiserlichen Hofe doch wieder Bedenken. Man fürchtete einen Fallstrick des Grafen Wilhelm, um sich für das Scheitern seiner Mission zu rächen. Das war das böse Ge= wissen. Man fühlte wohl, daß man sich auf einer schiefen Ebene befinde und auf dem Punkte stehe, eine Art Verrath an der spa= nischen Linie zu begehen, wie ja die motivirte Ablehnung seitens des Kaisers im Frühjahr genugsam andeutet.

Auersperg wünschte auch, daß Wicka nichts von der in der Schwebe befindlichen Verhandlung erfahre; Wicka habe nie den Auftrag gehabt, in dieser Richtung Avancen zu machen, und so sei denn zu befürchten, daß dies eine Erfindung des Grafen Wilhelm gewesen.

Ludwig XIV. und Lionne hörten mit außerordentlicher Be= friedigung von der Art und Weise, wie der kaiserliche Hof die ihm von Grémonville gemachten Eröffnungen aufgenommen hatte. Sie wählten Grémonville zum Unterhändler, wozu ihn seine Geschick= lichkeit, sein erfinderischer Geist, das Vertrauen, welches er dem Kaiser eingeflößt hatte, und der Einfluß, den er auf seine Minister ausübte, als die geeignetste Person erscheinen ließen [12]).

Auersperg erwartete die Rückkehr des Couriers, welcher die Antwort des französischen Königs auf die Mittheilungen Grémon= villes bringen sollte, mit großer Ungeduld. Auch der Kaiser war nicht minder in Aufregung. Er machte für den Fall des Ge= lingens dem heiligen Antonius von Padua ein Gelübde, und als er erfuhr, daß Lionne, der sich dieser Angelegenheit so sehr an= nahm, von seiner Krankheit genesen, that er die Aeußerung: „Das ist ein wahres Glück für die Christenheit". Lobkowitz fuhr fort, Grémonville hinter dem Rücken des Kaisers und Auerspergs mit seinen Rathschlägen zu unterstützen.

Um Lobkowitz noch enger an sich zu ketten, las Grémonville demselben manchmal Stellen aus seinen Depeschen vor, die wohl absichtlich so abgefaßt waren, daß er dies, ohne große Aenderungen vorzunehmen, thun konnte.

Am 28. December kamen die vom 13. dieses Monats datirten Instruktionen für Grémonville mit der General-Vollmacht, in Unterhandlung zu treten, aus Paris an [12]).

Als · der Kaiser am 29. December Kunde von der Ankunft des französischen Couriers mit der unbedingten Vollmacht erhielt, verschob er die Essenszeit um eine halbe Stunde — ein Beweis für die Wichtigkeit der Angelegenheit, — um sich mit Auersperg zu besprechen. Abends hatte Grémonville Audienz bei Auersperg. Dieser küßte die von Ludwig selbst geschriebene Vollmacht mit dem Ausruf: Es gibt nichts Größeres und Vollkommeneres um das Werk gut zu beginnen. Auersperg sträubte sich lange, die kaiserliche Vollmacht auszufolgen, weil der Kaiser wegen der Spanier wünschte, daß die General-Vollmacht niemals gesehen würde, wenn etwa der Vertrag nicht zu Stande käme [14]).

Man wollte sich also von kaiserlicher Seite einen Rückzug sichern. „Dieses ganze Zieren geschieht nur zu dem Zwecke, schreibt Grémonville an Ludwig, damit Euere Majestät niemals beweisen könne, daß der Kaiser in diese Theilung eingewilligt habe, wenn der Vertrag nicht geschlossen würde" [15]).

Aber Grémonville war der Schlauheit des kaiserlichen Hofes gewachsen. Er blieb fest. Drei Tage nachher wurden die Vollmachten ausgewechselt [16]).

In einem Handschreiben vom 13. December 1667 gab Ludwig sein königliches Ehrenwort, die fragliche Angelegenheit keinem Potentaten oder fremden Fürsten mitzutheilen, auch nicht einem ihrer Agenten oder Minister, wer es auch immer sei [17]).

Zur Beruhigung des Kaisers hieß es in der Instruktion für Grémonville, daß der Kurfürst von Mainz und Graf Wilhelm zwar von dem neuen Anerbieten benachrichtigt worden, daß ihnen aber, weil ja der Kaiser absolutes Geheimniß wünsche, nun gesagt werden solle, es sei resultatlos geblieben [18]).

Grémonville hielt es übrigens für gerathen, nichts davon zu erwähnen, daß Graf Wilhelm von der Sache wisse [19]).

Bei der augenscheinlich den Franzosen recht günstigen Stim=
mung des Kaisers versäumte de Lionne auch nicht die willkommene
Gelegenheit, des Freiherrn Lisolas Bestrebungen lahm zu legen.
Um die Verhandlungen zu einem gedeihlichen Ende zu bringen, sei
es vor Allem von Nöthen, daß der Kaiser keine Beachtung und
keinen Glauben mehr den Berichten seiner Agenten insbesonders
denen des Lisola schenke, welcher aus eigennützigen Gründen in
Madrid den Bruch des Kaisers mit dem König von Frankreich in
sichere Aussicht stelle und behaupte, daß sich dann unfehlbar eine
große Liga zwischen England, Schweden und Holland gegen Frank=
reich bilden werde [20]).

Von der seitens Grémonville gewünschten Geldübersendung
sollte es sein Abkommen haben; man wollte dies nicht thun, sonst
könnte der Kaiser mißtrauisch werden [21]).

Grémonville und Auersperg kamen überein, daß ersterer zu
Auersperg Abends verkleidet schleichen solle, um da über die An=
gelegenheit zu verhandeln. So fand am 31. December Abends
8 Uhr die erste Zusammenkunft statt [22]).

Lobkowitz, welchem Grémonville am 1. Januar einen Besuch
machte, las mit Thränen in den Augen die Schmeichelworte Lionnes
und küßte das Schreiben, indem die Großherzigkeit Lobkowitz' ge=
rühmt wurde, der sich so im Hintergrunde hielt, um seinem Rivalen
einen so großen Antheil an diesem Geschäfte zu lassen [23]).

Am 1. Januar Abends hatte Grémonville Audienz beim Kaiser.
Der Kaiser antwortete auf die einzelnen Vorschläge, die Grémon=
ville nach seinen Instruktionen vorbrachte, mit so richtigen und
passenden Ausdrücken, daß es schien, er habe sie 3 Tage lang schon
einstudirt. Der Kaiser wünschte, daß Grémonville nur mit Auers=
perg über die Sache verhandle, was Grémonville natürlich auch
versprach [24]).

In der Instruktion an Grémonville war als Antheil des
Kaisers vorgeschlagen: Spanien mit Ausnahme von Navarra und
seinen Dependenzen und der Festung Rosas; alle westindischen Be=
sitzungen; die canarischen Inseln; alle Plätze in Afrika; das König=
reich Sicilien, Sardinien; Majorca, Minorca und Iviza. Frank=
reich erhob Anspruch auf die spanischen Niederlande, die Franche=
Comté; Mailand; das Königreich Neapel; die tos=

canischen Plätze mit Porto=Longone auf Elba; Finale; Navarra mit seinen Dependenzen; die Festung Rosas; die Philippinen=inseln.

Daneben hatte Grémonville die geheime Vollmacht, die Philip=pinen, Rosas und Navarra fahren zu lassen; Mailand und Finale sollte er nur im äußersten Falle und nur gegen Tausch von Sar=dinien und Sicilien aufgeben; auf dem Besitze von Neapel und der spanischen Niederlande sollte er fest bestehen²⁵).

Am 2. Januar Abends hatte Grémonville abermals eine Zu=sammenkunft mit Auersperg, wobei Grémonville seine Vorschläge mit dem biblischen Spruche einleitete: Gebet dem Cäsar, was des Cäsars ist.

Auersperg machte einige Einwendungen und verlangte einige Tage, um eine Antwort auf die Vorschläge geben zu können.

Am nächsten Tage (3. Januar) traf Grémonville beim Kaiser den Fürsten Lobkowitz, welcher ihm nur diese Worte sagte: „Wenn ihr nicht die Form der Theilung ändert, werden wir noch lange nicht abschließen; denn ihr wollt das behalten, was wir nothwendig brauchen und was uns paßt, und uns das geben, was schließlich doch euch gehört".

Am 4. Januar machte Auersperg seinen Gegenvorschlag. Er verlangte für Oesterreich: Spanien; Westindien; die canarischen Inseln; Mailand mit Finale; Neapel; die toscanischen Plätze und Porto=Longone; Sicilien; Sardinien und die Franche=Comté. Frankreich sollte zufallen: die spanischen Niederlande; die Philippinen; Majorca, Minorca und Iviza; die afrikanischen Plätze.

Am 4. Januar hatte Grémonville mit Lobkowitz eine Be=sprechung. „Um Gotteswillen", rief dieser aus, „befreit uns von diesem Indien oder gebt uns die Mittel, davon Besitz zu nehmen." Als Grémonville erwiderte, Ludwig XIV. werde dem Kaiser nach dem Tode des Königs von Spanien die Schiffe als bewegliches Gut überlassen, konnte sich Lobkowitz lange vor Lachen nicht halten. Und ihr Franzosen, bemerkte er endlich, werdet das Geschmeide nehmen, wenn es die Juden von Granada herausgeben wollen²⁶).

Die beiden Vorschläge gingen also ziemlich weit auseinander. Um die italienischen Länder der spanischen Krone bewegte sich das ganze Getriebe der Verhandlung. Allmählich gelang es Grémonville, daß ihm Auersperg für Frankreich noch die Franche-Comté, das Königreich Navarra und die Festung Rosas zusprach. Er entschloß sich nun, Mailand aufzugeben, um so andererseits wieder Vortheile einzuheimsen [17]).

Der kaiserliche Hof wiederum bot Grémonville Catalonien und Sardinien an. Aber Grémonville war damit nicht zufrieden. Er verlangte Neapel, auf das der Kaiser umsomehr Werth legte, als er es nicht für leicht hielt, Spanien mit seinen Staaten zu vereinen. Er wollte ganz Italien haben.

Auch Lobkowitz verlangte die italienischen Länder für Oesterreich [18]).

„Der Abschluß des Vertrages schien noch sehr ferne. Aber Grémonville, welcher Auerspergs guten Willen kannte, den der Ruhm, eine so wichtige Unterhandlung abzuschließen und die Aussicht auf die Cardinalswürde zu den Concessionen geneigt machten, dachte, daß es vor Allem nöthig sei, den mächtigen Widerstand Lobkowitz' in diesem Punkte zu brechen."

„Noch am 18. Januar sagte Lobkowitz, als ihn Grémonville besuchte: er habe dem Kaiser gerathen, nicht ohne Italien abzuschließen, weil man sonst von der ganzen Erbschaft keinen Vortheil ziehen könne; Grémonville möge aber den Courier noch nicht abschicken; er wolle nicht die Ursache sein, daß ein so treffliches Werk nicht zu Stande komme. Die Gründe, welche Lobkowitz auseinandersetzte, schienen selbst Grémonville gerecht und politisch. Nichtsdestoweniger beharrte er auf der Forderung von Neapel und Sicilien. Am selben Tage ließ Auersperg den Gesandten zu einem Besuche einladen. Grémonville kam wieder in der Dämmerung in das Palais. Sie gingen alle Artikel durch und geriethen bei dem Punkte von Neapel und Sicilien wieder aneinander. Grémonville bestand darauf, weil beide zusammen gehörten; Auersperg wehrte sich und wollte Mailand und Neapel. „Streichen Sie den Artikel", rief Grémonville aus, „wenn Sie die Ehre ernten wollen, der Cardinal des Friedens und der erste Minister aller Höfe Europas zu sein". Nochmals versprach er ihm die Fürsprache seines Königs in Rom. Auersperg wurde das Herz schwer. Er rief immer: Ach Gott! ach Gott! Endlich sagte er Grémonville zu, daß er noch

einen Versuch bei dem Kaiser machen wolle. In tiefer Nacht ver=
ließ Grémonville das Palais. Auf dem Wege wurde er von drei
Lakaien des spanischen Gesandten angefallen; er zog den Degen
und flüchtete in ein Hausthor, bis er unbemerkt zu seinem Wagen
kommen und davon fahren konnte. Er hatte eine Copie der Ver=
tragsartikel in der Tasche und fürchtete nicht mit Unrecht, daß es
darauf abgesehen war, ihm diese abzunehmen. Die Spanier hatten
Verdacht geschöpft. Die österreichischen Minister fügten sich end=
lich dem Begehren Frankreichs, ja sie geizten um die zweifelhafte
Ehre, den Kaiser zum Nachgeben zu bringen."

„Als am andern Morgen (19. Januar) Grémonville wegen
einer Audienz zu Hofe kam, begrüßte ihn Lobkowitz mit den Worten:
„Ich habe dafür gestimmt, daß Euch Sicilien zugesprochen werde;
wenn Ihr nur keine Furcht vor einer sicilianischen Vesper habt."
Darauf erwiderte Grémonville schlagfertig, daß er eben deswegen
das Geleit (l'escorte) Neapels brauche. Lobkowitz warf ihm
zornig vor, daß Frankreich doch zu strenge auf seinem Vortheil
bedacht sei, fügte aber milder hinzu: er wolle noch einmal mit
dem Kaiser sprechen, wenn sich der Gesandte anheischig mache, den
Vertrag noch am selben Tage zu unterzeichnen." „Grémonville
schwor bei allen Heiligen. Lobkowitz umarmte ihn und sagte:
„Sie sollen den Trost haben, noch heute zu unterzeichnen". „Aber
Auersperg war ihm zuvorgekommen. Als Grémonville nach Hause
kam, überreichte ihm der Sekretär des Fürsten Auersperg ein Billet,
welches die Worte enthielt: „Im Namen Gottes, Seine Majestät
hat auf Neapel verzichtet, um dem König von Frankreich gefällig
zu sein, und mit der Bedingung, daß der Vertrag ohne Zeitverlust
unterzeichnet werde."

„Nachmittag zwischen 3 und 6 Uhr redigirten Auersperg und
Grémonville die Artikel, zwei Sekretäre schrieben sie in's Reine.
Abends um 9 Uhr kam Grémonville wieder durch die geheime
Thür in das Palais Auersperg, und um 2 Uhr nach Mitternacht
unterzeichneten sie den Vertrag. Auersperg umarmte den Ge=
sandten und sagte: „Es gibt keinen so ruhmvollen und glücklichen
Fürsten, als ihren Herrn und König; er hat sich den Ruf eines
tapferen und großen Eroberers erworben; er ist unvergleichlich in
der Regierung seines Staates, wie in den Geschäften des Friedens;

mit diesem Vertrag bricht und löst er den allgemeinen
Bund, der sich gegen ihn bildet; der Kaiser war auf
dem Punkte, in wenigen Tagen vier Verträge von
der größten Wichtigkeit zu schließen; alle Minister werden
überrascht sein, einen solchen Wechsel der Politik vollzogen zu
sehen" [29]).

Der Vertrag ist vom 19. Januar 1668 datirt.   Für den Fall
von Karls II. Tode ohne legitimen männlichen Nachkommen soll
folgende Theilung stattfinden: Oesterreich erhält: Spanien; Westindien; Mailand mit dem Rechte der Investitur über Siena; Finale;
die Häfen Longone, Hercole, Orbitello und alle anderen Häfen,
welche der spanischen Krone an den Küsten des ligurischen Meeres,
gewöhnlich toscanischen genannt, gehören bis zu den Grenzen von
Neapel mit ihren Dependenzen; die Insel Sardinien; die canarischen
Inseln und die Balearen: Majorca, Minorca und Iviza. — Frankreich erhält Alles, was die Spanier in den Niederlanden besitzen,
worunter man auch Burgund, genannt Franche-Comté, begreift;
die Philippinen; das Königreich Navarra mit seinen damaligen
Dependenzen; die Festung Rosas und was dazu gehört; die
afrikanischen Plätze; die Königreiche Neapel und Sicilien mit
ihren Dependenzen [30]).

Nach Artikel 2 des Vertrages verpflichtete sich der
Kaiser, Spanien zur Abtretung von Cambrai, Cam-
brésis, Luxemburg oder Franche-Comté, Douai, Aire,
St. Omer, Bergues und Furnes zu bewegen.   Dagegen
verpflichtete sich wiederum der französische König, alle anderen Plätze
herauszugeben, die er im Laufe des letzten Jahres eingenommen, wenn
bis vor Ende März Spanien diesem Vorschlage zustimmt und mit
Portugal einen Vertrag de roi en roi schließt.   Sollte dies nicht
geschehen und der Krieg seinen Fortgang nehmen, so würde der
König alle jene Plätze, die nach dem Uebereinkommen dem Kaiser
zufielen, diesem und seinen Nachfolgern, wenn es zur Theilung käme,
ausliefern.   Sollte Spanien obige oder ähnliche Be-
bingungen, wie sie die Generalstaaten vorschlagen
werden, nicht annehmen, so dürften weder der Kaiser,
noch seine Kinder, seine Erben und Nachfolger direkt
oder indirekt Hilfe in die Niederlande schicken, so-

lange dieser Krieg dauern werde. Sollte jedoch Frankreich Spanien in seinen andern Besitzungen angreifen, so können der Kaiser und seine Nachfolger demselben beispringen. Jedoch dürfe der Kaiser den Krieg nicht nach Frankreich, noch der König den Krieg in die Erbstaaten des Kaisers tragen.

Der Vertrag erlischt, sobald dem König (von Spanien) ein Kind geboren wird und dieses das 6. Jahr erreicht hat; er kann jedoch nach Uebereinkunft verlängert werden.

Die Originalien sind dem Herzog von Toscana zur Aufbewahrung zu übergeben.

Jeder Vertrag, der gegen diesen in Zukunft abgeschlossen werden sollte, ist null und nichtig ³¹).

Am 20. hatte Grémonville Audienz beim Kaiser, der bis zur Ankunft der Ratifikation seitens des französischen Königs die Originale des Vertrags in seine Verwahrung nahm. Der Kaiser versprach auch, bei Spanien ein Wort für die baldige Beilegung des Streites einzulegen d. h. Spanien zur Nachgiebigkeit zu rathen, um, wie Grémonville sich ausdrückte, Frankreich die gebührende Gerechtigkeit widerfahren zu lassen ³²).

Der Vertrag wurde am 2. Februar in St. Germain, am 28. Februar in Wien ratificirt. Am 28. Februar, wo der Austausch der Ratification vorgenommen wurde, erlangte es Grémonville, daß die Originale nicht, wie ursprünglich bestimmt worden war, dem Großherzog von Toscana eingehändigt wurden, sondern daß jeder der Souveräne ein Exemplar für sich behielt. Der Kaiser verschloß die Urkunde in einer eisernen Kassette.

Der Vertrag wurde unter großen Vorsichtsmaßregeln nach Versailles geschickt. Ludwig sandte einen Officier mit 6 Garden, natürlich in Verkleidung, nach Wien, um die den Vertrag betreffenden Urkunden zu holen. Sie hatten den Auftrag, das was ihnen Grémonville übergeben werde, nicht einen Augenblick aus den Augen zu lassen und es, wie wenn es der König selbst wäre, Tag und Nacht zu bewachen. Am 14. April kamen die französischen Musketiere in Wien an und brachen am selben Tage sofort wieder auf, nachdem ihnen Grémonville das Kästchen mit den Schriften übergeben hatte.

Die Papiere waren in einer gut verschlossenen Kiste aus

Eisenblech. Die Soldaten hatte Grémonville glauben gemacht, daß es Schriften wären, die dem König geraubt worden seien. Anfangs Mai waren die Schriften in Paris [33]).

Der Vertrag blieb lange ein Geheimniß*). In Frankreich wußten darum nur der König, Lionne und Grémonville, in Oester= reich der Kaiser, Auersperg und Lobkowitz. Gleichwohl merkten die Höflinge, daß der Wind aus einer anderen Richtung wehe [34]).

So sagte Graf Lamberg zu Grémonville: „Wir machen uns jetzt über die Spanier lustig, welche sich einbildeten, uns wie ihre Unterthanen zu behandeln, indem sie uns nichts anderes vorwerfen, als daß wir mit französischem Gelde bestochen worden seien und durch die schönen Reden eines gewissen französischen Gesandten" [35]).

Mit Recht konnte so Grémonville nach der Auslieferung des Vertrages dem Könige melden: „Der große Plan, den ich mir vor= gesetzt, als Ew. Majestät mich hieher sandten, ist gelungen: der Plan der Trennung des Kaiserhauses von Spanien" [36]). Durch diesen Ver= trag hatte Leopold Spanien Frankreich völlig preisgegeben. Es war dies keine gute That, gut im höheren Sinne des Wortes**). „Der Vertrag war von Anfang an auf Täuschung und Trug gebaut" [37]).

Schon die Art und Weise, wie er entstand, ist bedeutsam. Wie lichtscheue Nachtvögel kamen die beiderseitigen Unterhändler zusammen. Die Verhandlungen, in denen die deutsche Linie des Hauses Habsburg die spanische völlig im Stiche ließ, konnten das Tageslicht nicht vertragen.

Am 5. Februar schrieb Lionne an Grémonville: „Sie haben Wunder gewirkt"! [38]) In der That muß es als ein Wunder be= trachtet werden, wie Grémonville durch seine Künste bewirkte, daß

---

*) „Es ist jedoch nicht richtig, was Wolf, Lobkowitz S. 177, behauptet, daß der Vertrag bis auf die heutige Zeit geheim geblieben und erst durch Mignet seine Existenz bekannt geworden sei. — Der Vertrag ist nicht nur in mehreren Memoiren der Zeit erwähnt, wie bei Torcy z. B., sondern Ludwig XIV. hat ihn durch Tallard auch den Seemächten mittheilen lassen. Bereits Ende der neunziger Jahre war der Vertrag den meisten kaiserlichen wie französischen Ministern bekannt." Gäbefe, S. 13.

**) „So verrieth Leopold I. aus eigennützigen Beweggründen seinen habs= burgischen Vetter." Philippson, S. 78 oder wie sich Klopp, S. 215, milder aus= brückt: Durch das Eingehen in diese Verhandlungen mit Frankreich hatte der Kaiser die Basis des Rechtes verlassen.

man in Wien so ganz und gar jedes Verständniß für eine gesunde und ehrliche Politik verlor. — Ludwig hatte Leopold übervortheilt. Auersperg und Lobkowitz hatten mit aller Macht den französischen Interessen in die Hände gearbeitet. Auersperg aus Eigennutz und Eitelkeit, Lobkowitz in der merkwürdigen Manie, die Habsburger und Bourbonen, diese langjährigen natürlichen Gegner nun plötzlich zu versöhnen und so beide zu Schiedsrichtern und Herren der Welt zu machen.

Für die Politik, wie sie der Kurfürst von Brandenburg gegen Frankreich wünschte, fehlte Lobkowitz jedes Verständniß. Er machte darüber nur seine witzelnden Bemerkungen [39]).

Es liegt eine grausame Ironie in den Worten Grémonville's, mit denen er die Verhandlungen am Wiener Hofe kurz und treffend schildert: „Es ist eine wahrhaftige italienische Comödie, der Kaiser spielt darin den zweiten Zanni, verwirrt die Gemüther seiner Minister, um die Intrigue gelingen zu lassen. Der Fürst Lobkowitz und der Fürst Auersperg wollen jeder den Preis und die Ehre des Geschäftes gewinnen, indem sie einander betrügen. Der Präsident der Finanzen stellt den Pantalone vor, macht viel Lärm mit den Truppenrüstungen, stellt aber unter der Hand Alles an, um kein Geld auszugeben. Die Kaiserin Witwe spielt die Colombine, welche die Intrigue in wunderbarer Weise fördern hilft, ohne den Zweck zu kennen; und ich bin der normännische Trappolin, der Alles macht, um seinem Herrn gut zu dienen; Lionne aber ist der Doctor, der durch seine wunderbare Leitung Allem einen guten Ausgang gibt" *) [40]).

_____

*) „In der Comedia dell'Arte, Stegreifkomödie, waren neben den Frauen-rollen und den Liebhabern eine Reihe von stehenden Figuren die Hauptpersonen, welche das komische Element vertraten, der Doktor, Pantalone, der Capitano und die Diener. Der Pantalone ist in der Regel ein habsüchtiger Kaufmann. Er wird in den meisten Stücken trotz aller Schlauheit geprellt und zieht schließ-lich den kürzeren. Eine Hauptrolle spielten auch die Diener. Es gab eine ganze Reihenfolge von durchtriebenen, ihren Herren ergebenen Dienern bis herab zu den dummen und tölpelhaften oder betrügerischen Knechten. Man bezeichnete sie unter dem allgemeinen Namen der Zanni (der Spaßmacher oder Clowns). Zu ihnen gehörte Pulcinella, Arleguino, Brighella, Scapin, Franca Trippa." — Lotheissen, Geschichte der französischen Literatur im 17. Jahr-hundert. I. Bd. X. S. 264 u. ff. Wien 1877.

7*

1) Von Wida an Kaiser Leopold I. Paris am 1. April 1667. K. k. A.

2) Berichte aus Paris vom 20. und 27. Mai; 5. August 1667.

3) Mignet II, 151.

4) Mignet II, 337—339.

5) Paris am 8. November 1667. Wida an Kaiser Leopold. K. k. Archiv. Diese Relation ist bei Walewski, Geschichte der heiligen Ligue und Leopold I, Krakau 1857 unter III. (Dokumente) vollinhaltlich abgedruckt.

6) Mignet II, 339—345. — Wolf, S. 170.

7) Mignet II, 348.

8) Wolf, S. 171.

9) Mignet II, 348.

10) Mignet II, 350, 351.

11) Mignet II, 352.

12) Mignet II, 356, 357.

13) Mignet II, 382, 383.

14) Mignet II, 385—388.

15) Mignet II, 391.

16) Mignet II, 384.

17) Mignet II, 380.

18) Mignet II, 367.

19) Mignet II, 412.

20) Mignet II, 364.

21) Mignet, S. 356—357—381.

22) Mignet II, 391.

23) Mignet II, 381 und 392.

24) Mignet II, 393.

25) Mignet II, 574. — Wolf, S. 175.

26) Mignet II, 397—404.

27) Mignet II, 413.

28) Mignet II, 421, 425—430.

29) Wolf, S. 176—178.

30) Mignet II, 446.

31) Mignet II, 444, 448.

32) Mignet II, 438.

33) Mignet II, 475—480.

34) Wolf, S. 179.

35) Mignet II, 474.

36) Mignet II, 474.

37) Wolf, S. 180.

38) Mignet II, 451.

39) Mignet II, 439, 440.

40) Mignet II, 412.

18. Des Kaisers zweideutiges Verhalten unmittelbar nach dem Abschluß des Theilungsvertrages.

Während die geheimen Verhandlungen über eine eventuelle Theilung des spanischen Erbes in vollem Gange waren, sparte man in Wien nicht mit den bekannten guten Rathschlägen an Spanien. Die Spanier sollen Geld schicken, dann werden wir etwas für sie thun, das ist der Kern jeder Instruction Leopolds an den Ge= sandten in Madrid [1]).

Spanien vermochte aber die nöthigen Subsidien nicht aufzu= bringen. Eine allgemeine Apathie hatte sich der Nation bemächtigt. Dasjenige Geld, welches die Königin=Regentin erübrigen konnte, wanderte nach Böhmen zur Erbauung eines Klosters, in das sich die Fürstin aus dem Gewirre der Politik dereinst zurückzuziehen gedachte, um in ruhiger Beschaulichkeit ihre Tage zu beschließen. Das geschickteste und erfahrenste Mitglied des spanischen Staats= rathes, der Graf Castrillo, sah den drohenden Sturz der Monarchie und verließ den Staatsdienst, mehr aus Ekel denn vor Ermüdung. Er sagte der Königin beim Abschiede (December 1667) herbe Wahr= heiten. Ehemals hätten die Rathschläge der Minister Werth ge= habt. Jetzt schalte und walte der Lenker ihres Gewissens unum= schränkt. „Ich empfehle Ew. Majestät Ihre armen Unterthanen; sie sind treu, und obwohl mit Steuern überladen, fühlen sie nur die Verachtung, welche Ew. Majestät und Ihr Rathgeber für sie haben." Das waren patriotische Worte. Leider blieben sie ohne jede Wirkung [2]).

Um keinen Verdacht hinsichtlich des zwischen Leopold und Ludwig abgeschlossenen Vertrages aufkommen zu lassen, wurden kaiserlicherseits die Verhandlungen mit Spanien fortgesetzt. Man war dabei sichtlich bestrebt, die Verantwortlichkeit für das Scheitern der Verhandlungen mit den einzelnen Mächten zu Gunsten Spaniens von sich ab und auf Andere überzuwälzen. „Ich habe", läßt Leopold unter dem 29. Januar 1668 an den Grafen Pötting schreiben, „in England und Schweden, bei den Kur= und Fürsten des Reiches, in Mainz, Trier, Köln, Baiern, Sachsen, Brandenburg,

Pfalz-Neuburg, Braunschweig, wie auch bei den in Regensburg versammelten Reichsständen, den Generalstaaten dahin handeln lassen, daß man sich der überfallenen Niederlande annehme. Solche Tractate sind aber meistens damit gesteckt worden, daß, neben dem anseit Spanien erscheinenden Geldmangel, ein jeder auf ein oder mehrere andere, und sonderlich die Krone Schweden auf England und Holland, Braunschweig und Lüneburg auf Kurbrandenburg und dieses gleichfalls auf Holland ihr stetes Absehen gehabt. Die gesammten Reichsstände aber sind bei so vielfältiger Distrahirung dieser oder jener Principalen zu einhelligem Schluß wohl nicht zu bringen gewesen."

Daran schließt sich das Bedauern, daß sich diese Mächte sämmtlich durch die scheinbare Friedensliebe Frankreichs hätten gewinnen lassen. Leopold versäumt auch die Gelegenheit nicht, in etwas mit dem Säbel zu rasseln. Mit großem Wohlgefallen verweist er auf die mannhaften „Worte" seines Residenten in Holland, daß „man lieber das ganze Niederland mit dem Degen in der Hand aufsetzen und verlieren als sich zur proponirten Alternative werde verstehen wollen" *). Um Spanien für den Frieden mit Frankreich günstig zu stimmen, wird ein Einvernehmen Frankreichs und Hollands an die Wand gemalt und als den habsburgischen Interessen höchst abträglich hingestellt. Offenbar wollen sich Holland und Frankreich in die spanischen Niederlande theilen **). Es sei auch tief bedauerlich, daß der Kaiser trotz vielfältigem Anhalten die „gründlichen Intentiones" des Castel Rodrigo und seiner Frau Schwester, der Königin, nicht habe herausbringen können. (!?) — Aus diesem Bericht für sich gewinnt es fast den Anschein, als wären nur am Wiener Hofe Energie und die ehrliche Absicht, Spanien beizustehen, zu Hause gewesen. Wohlgemerkt! das ließ Leopold zehn Tage nach dem Abschluß des Vertrages mit Frankreich schreiben. Das hieß man damals Staatsklugheit.

Zur gleichen Zeit aber (31. Januar) erging an Kramprich

---

*) De Witt betonte zu wiederholten Malen die Nothwendigkeit der Annahme der Alternative seitens Spaniens. (Haag am 5., 9. und 12. Jänner 1668; Kramprich an Leopold.)

**) Ein derartiger Vorschlag war den Generalstaaten allerdings im Sommer 1667 wie schon 1662 seitens Frankreichs gemacht worden — jedoch ohne Erfolg.

der Befehl, sehr behutsam zu sein, weder Frankreich noch Spanien zu beleidigen und sich nicht zu erklären über die Frage, ob dem Kaiser eine feierliche Gesandtschaft seitens der Staaten angenehm sein würde [3]).

Der braunschweigische Gesandte Hammerstein, der bis zu Beginn des Monats Februar vom kaiserlichen Hofe hingehalten wurde, brach nun endlich plötzlich alle Verhandlungen ab. Bei seinem Abschied am 8. Februar richtete er an die kaiserlichen Räthe die bestimmte Frage, ob für den Fall, daß die Mediation ihren Effekt nicht erreiche und sonst Niemand der Krone Spanien beistehen wolle, der Kaiser in Verbindung mit seinen Herren sich in eine Action einzulassen gedenke. Der Kaiser war in nicht geringer Verlegenheit. Er ließ dem braunschweigischen Gesandten ausweichend antworten. Da nun aber diese „Abfertigung" leicht dem spanischen Botschafter zu Ohren kommen konnte, so wurde Graf Pötting beauftragt [4]), dahin zu wirken, daß alle daraus sich ergebenden sinistras impressiones am spanischen Hofe verhindert würden. — Man sieht, der Wiener Hof verstand es vortrefflich, die spanische Seitenlinie hinter's Licht zu führen.

„Noch im März bot der spanische Botschafter 300,000 Kronen sogleich und 20,000 Kronen monatlich, wenn Oesterreich mit Frankreich brechen und 40,000 Mann in's Feld stellen wollte." Wichtige Berathungen wurden zum Scheine darüber angestellt. „Die Minister Schwarzenberg, Gonzaga u. A. ereiferten sich noch in einer Conferenz am 14. März 1668 über die Nothwendigkeit, die beiden Linien des Hauses Habsburg zu vereinigen" [5]).

Eine ähnliche Spiegelfechterei wurde mit Schweden inscenirt. Basserode verhandelte auf Treu und Glauben in Stockholm tapfer drauf los. Es erging sogar am 12. April 1668 [6]) eine neuerliche kaiserliche Vollmacht an ihn, mit Schweden baldigst abzuschließen, da es der gegenwärtige Stand der Dinge erforderte.

1) Wien am 23. Novbr., am 2., am 7., am 21. Dezbr. 1667. K. k. A.
2) Mignet II, 605.
3) Müller, S. 15.
4) Wien, am 16. Februar 1668.
5) Wolf, S. 179.
6) K. k. A.

19. Die Tripelallianz und der Aachener Friede.

Durch das Eingehen in die geheimen Verhandlungen mit Frankreich war Leopold in eine ganz neue, den Ueberlieferungen seines Hauses völlig zuwiderlaufende Richtung gedrängt worden. Ludwig suchte die neugeschaffene günstige Situation sofort nach Möglichkeit auszunützen. So äußerte er sich bereits Ende November 1667 gegen den dänischen Gesandten, daß er nun sicher sei, der Kaiser werde sich in den niederländischen Streitfall nicht mischen. „Man fragt sich überall verwundert, wer sich denn überhaupt etwas zu sagen getrauen soll, wenn es der Kaiser nicht wage" [1]. Dies ist ein häufig in Wickas Berichten wiederkehrender Stoßseufzer. Lisola, den der Kaiser noch durch sein Schreiben vom 25. October ermächtigt hatte, auf der betretenen Bahn weiter zu schreiten, saß nun auf dem Trockenen. Er sowohl wie Molina konnten aus Mangel an Instructionen keine positiven Vorschläge machen. England und Holland achteten ihrer fürderhin nicht mehr sonderlich. Der Friede sollte auf Kosten Spaniens hergestellt werden. Vergebens wiesen Lisola und Molina, welche bei den ersten Besprechungen der englischen und holländischen Bevollmächtigten in London zugegen waren, auf die Ungerechtigkeit hin, welche darin liege, daß der Angegriffene dem Angreifer Satisfaction gewähre. Man wendete dagegen zum Theil mit Recht ein, daß Spanien keine Macht besitze, der Kaiser zwar ein Bündniß wolle, es aber nicht betreibe und über allgemeine Anträge sehr nebuloser Art nicht hinaus komme.

Am 23. Januar 1668 kam im Haag die Defensivallianz zwischen England und der Republik zu Stande. Kurz darauf trat derselben auch Schweden bei. Zum Zwecke des Friedens sollte Spanien jene Ortschaften und Gebiete an Frankreich abtreten, die letzteres bereits erobert und besetzt hatte. Oder etwas Aequivalentes. Beispielweise die Freigrafschaft. Ein geheimer Artikel enthielt außerdem die gegenseitige Verpflichtung, im Falle der Weigerung des Königs von Frankreich, sich mit dem Angebotenen zu begnügen, ihn mit vereinten Kräften zur Wiederherstellung der Dinge auf dem Fuße des pyre-

näischen Friedens zu zwingen. Die Tripelallianz wurde nicht über=
all günstig aufgenommen. In Madrid und Brüssel war man durch=
aus nicht entzückt. Doch gab Spanien nach; es schickte seine Ge=
sandten zum Friedenscongreß nach Aachen [2]).

Der Kaiser, dessen Beitritt die öffentliche Meinung in England
wünschte und erwartete, fühlte sich auch nicht sehr erbaut davon. Er
sah in diesem Bündniß protestantischer Staaten eine Gefahr für die
katholische Religion und sein Haus [3]).

Als Ludwig zur Kenntniß der geheimen Artikel des Allianz=
vertrages gelangte, war er sehr aufgebracht. Doch erschien ihm die
Allianz nicht besonders furchtbar, da die Holländer mehr bösen
Willen als Macht, die Engländer weder Truppen noch Geldmittel
besaßen, die Schweden aber als alte Verbündete Frankreichs leicht
wieder zu gewinnen waren. Indessen begnügte sich Ludwig mit
dem Angebotenen. Er legte den Hauptwerth darauf, daß man auf
spanischer Seite durch diese Zugeständnisse den Standpunkt des Ver=
zichtes der Königin aufgab [4]).

Castel Rodrigo machte Schwierigkeiten. Er wollte sich den Ver=
fügungen der Tripelallianz nicht so mir nichts dir nichts fügen.
Daraufhin fiel im Februar 1668 Ludwig unerwarteter Weise über die
wehrlose Freigrafschaft her, nach dem Sprüchwort: „Ce qui est bon
à prendre, c'est bon à rendre" [5]). Ueber diese neuerliche Gewaltthat
setzte es zwar in Holland und England einigen Lärm, aber schließlich
erfolgte doch am 2. Mai 1668 der Friedensschluß in Aachen unter
den festgesetzten Bedingungen. Spanien wählte auf Castel Rodrigos
Anstiftung [6]) zur unangenehmen Ueberraschung der Holländer d e n
Vorschlag der Alternative, wonach der König von Frankreich im
Besitze dessen verbleiben sollte, was er erobert hatte. Ludwig kam so
in den Besitz von zwölf südbelgischen Festungen, darunter nament=
lich Lille, Tournai und Charleroi. Die Freigrafschaft gab er zurück.
Das war die gerechte Strafe für de Witts halbe und unentschlossene
Krämerpolitik. Ludwig stand nun an den Thoren von Holland,
jeden Augenblick bereit, auch über diesen Freistaat herzufallen.

---

*) Da Castel Rodrigo einsah, daß Spanien diese fernen Provinzen nicht
mehr vertheidigen konnte, dachte er daran, sie unter den unmittelbaren Schutz
der holländischen Staaten zu stellen, indem er diese noch mehr der von Frank=
reich her drohenden Gefahr aussetzte. Mignet II, 632.

1) Paris am 31. Dezember 1667. Wicka an Leopold. K. k. A.
2) Klopp, S. 206—220.
3) Wien am 20. Februar 1668. Leopold an den Grafen Pötting.
4) Klopp, S. 221—222.
5) La première conquête de la Franche-Comté 1668. — Revue des questions historiques 75. Lieferung. Paris 1885.

---

20. Schlußbetrachtung.

Durch den Aachener Frieden wurde der sogenannte Devolu=tionskrieg abgeschlossen. Ludwig XIV. hatte diesen Krieg so gut vorbereitet, daß er keinen Feind im Felde traf, obwohl er den Weltfrieden brach [1]).

Was speziell Frankreichs Beziehungen zu Oesterreich betrifft, so kann auch hier das oft citirte Wort gelten: Ludwig XIV. war früher mit der That fertig, als Leopold mit dem Entschluß. Während Frankreich rücksichtslos auf sein Ziel losging, kam man in Wien über Vorverhandlungen nicht hinaus.

Wenngleich der Kaiser gar nichts bei dem Frieden zu Aachen zu thun hatte, war dieser doch, wie paradox es auch klingen mag, so recht eigentlich sein Werk. Ohne das gänzliche Abschwenken Oesterreichs aus dem antifranzösischen Lager wäre der Tripel=allianz nie jene Halbheit aufgeprägt worden, die sie durch ihre theil=weise Stellungnahme gegen Spanien charakterisirt. Die großen Vortheile aus diesem Friedensschluß hatte Ludwig daher hauptsächlich Leopold zu danken. In der That bemerkte auch gelegentlich Graf Wilhelm von Fürstenberg zu Wicka, der Friede sei hauptsächlich dem Kaiser zuzuschreiben, weil sich dieser trotz des von Spanien erfolgten Drängens zur Einmischung und Defension der Niederlande nicht bewegen ließ [2]).

Ludwig wiederum betheuerte unter Anzeige des Präliminar=friedens, daß er nur, um dem Kaiser Ungelegenheiten zu ersparen, in seinen Ansprüchen so bescheiden gewesen [3]).

Als Antwort erging von Wien aus an Wicka die Weisung,

er solle kein Bedenken tragen, dem König zum Frieden zu gratu=
liren, „da es allerseits ein heilsames Werk sein soll"[4]).

In Paris war man der Meinung, daß es der König nach
geschlossenem Frieden auf die Städte im Elsaß abgesehen hätte[5]).
Die öffentliche Meinung täuschte sich hierin zwar über den Zeit=
punkt, aber nicht über die Absicht selbst. Aufgeschoben war nicht
aufgehoben.

Ueber die eigentliche Bedeutung und Tragweite der Tripel=
allianz mag man verschiedener Ansicht sein. Sie muß aber doch
eine That genannt werden im Gegensatze zu der traurigen Fahnen=
flucht, in der Leopold die spanische Seitenlinie seines eigenen Hauses
im Stiche ließ. Wer wird de Witts kurzsichtige Krämerpolitik
nicht entschuldbar finden, wenn er damit Leopolds Verhalten ver=
gleicht?

Nicht die Haltung Hollands oder Englands oder sonst einer
Macht, sondern die des Kaisers bildet den Schlüssel zur Lage. Die
Urtheile des kaiserlichen Gesandten in Berlin sind in dieser Be=
ziehung bezeichnend genug. Die Bedeutung des Geheimvertrages
für Frankreich kennzeichnete Auersperg mit den Worten: „Mit
diesem Vertrage bricht und löst der König den allgemeinen Bund,
der sich gegen ihn bildet"[*]). Darin liegt also das Bekenntniß,
daß es die österr. Politik in erster Linie war, die eine große Allianz
gegen Frankreich schon während des Devolutionskrieges verhinderte.
Noch am 13. Oktober 1667 erwähnte van Beuningen in einem
Gespräche mit Estrades, daß eine Liga zwischen Holland, dem Kaiser,
Schweden und England im Werke sei, um sich den Eroberungen
Ludwigs XIV. zu widersetzen[6]).

Zum mindesten hätte der Kaiser, wie dies aus der ganzen
Darstellung zur Genüge erhellt, bei einigem guten Willen auf
Brandenburg, Braunschweig und Schweden sicher zählen können.

Was wollte Leopold eigentlich mit dem geheimen Vertrage?
Eine bequeme Sicherung eines reichen und bestrittenen Erbes.

Klopp[7]) meint zwar: „Der Kaiser sah den Vertrag an als
das Fundament des künftigen europäischen Friedens, als die Pforte
einer neuen Zeit. Nur dadurch motivirt sich sein Eifer, seine Freude."

---

*) Siehe oben S. 96.

Nun, die Freude über den in Aussicht gestellten Zuwachs zu seinem Hausbesitz wird wohl ebenso groß gewesen sein.

Mit diesem Vertrage wurde Karl II. von Spanien zu den Todten geworfen. Sein Ableben konnte jetzt nur mehr erwünscht sein. Seine Hinterlassenschaft war ja bereits aufgetheilt. Man hatte in Wien die verwandtschaftlichen Rücksichten dem persönlichen Interesse untergeordnet. Nachdem man sein Schäfchen ins Trockne gebracht, war es freilich recht bequem, einen Klagegesang über die Lauheit, Unzuverlässigkeit und Unentschlossenheit der guten Freunde anzustimmen.

Hat nun Leopold, das was er erstrebte, auch nur theilweise erreicht? — Nein!

Die Vortheile waren und blieben ganz auf Seite Frankreichs.

Durch den Theilungsvertrag entledigte sich Ludwig des — nach seiner Ansicht — gefährlichsten Gegners. Leopolds Anspruch auf die spanische Herrschaft stützte sich auf die Renunciation. Durch den Vertrag erkannte er selbst die Nichtigkeit der Verzichtleistung und Ludwig als gleichberechtigten Erben an*).

Barg der Vertrag wirklich die Gewähr des allgemeinen Friedens? Mit nichten!

Der Kaiser mag wohl für seine Person einige Zeit diesen Glauben gehegt haben. Lange hielt die Täuschung aber nicht an. Schon Ende 1668 (September) dämmerte ihm eine Ahnung darüber auf, daß der Staatskarren gänzlich verfahren sei*).

Wie konnte Leopold Ludwigs Betheuerungen Glauben schenken, nachdem dieser soeben die spanischen Niederlande gegen jedes Völkerrecht überfallen hatte. Bewies der König von Frankreich nicht gerade durch sein Vorgehen, wie wenig er Verträge und Uebereinkommen zu achten gewillt sei, wenn sie ihm nicht in den Kram paßten? Der Zweifel an Ludwigs Aufrichtigkeit mußte sich nach diesen Vorgängen ganz von selbst aufdrängen. Während nach Lisolas Darlegungen in seinem Bouclier d'état dem Hause Oesterreich als erster Grundsatz die unverbrüchliche Einhaltung der öffentlichen Verträge galt, ging Ludwigs Ansicht dahin, daß der Wortlaut der Verträge nicht so buchstäblich zu nehmen sei, man müsse sich nur hüten, irgend einen offenen Friedensbruch zu begehen, geheime Uebertretungen erwarte einer von dem andern 10).

Der geheime Vertrag mit Frankreich hing sich wie Bleigewicht an Leopolds Ferfen. Mehrere Jahre blieb Oesterreich im Schlepptau der französischen Politik. Unter Berufung auf diesen Vertrag setzte es Grémonville durch, daß der Kaiser der Tripelallianz nicht beitrat. So wurde ihr gleich anfangs die Gewähr längeren Bestandes genommen. Es bedurfte in der Folge keines besonderen Kraftaufwandes seitens Frankreichs sie zu sprengen.

Durch den geheimen Vertrag war Leopold von seinem Gegner auf eine abschüssige Bahn gedrängt und für einige Zeit völlig unschädlich gemacht worden. Nichts ist bezeichnender für die Beurtheilung des Vertrages als der Umstand, daß er der Wiener Regierung die Maske der Verstellung und Heuchelei aufnöthigte.

Das Abkommen mit Frankreich führte des weiteren zum Neutralitätsvertrag vom 1. November 1671, wodurch Holland wissentlich der französischen Willkür preisgegeben wurde, das in der ersten Zeit nur am Brandenburger einen Bundesgenossen fand *).

Durch seine „Sanftmuth" steigerte indessen der Kaiser nur die französische Frechheit und wurde so von Ludwig nur mehr verachtet [11]).

Erst in elfter Stunde, als Frankreichs Uebermuth bereits keine Grenzen mehr kannte, änderte man in Wien zögernd und zaudernd die Politik. Im Juli 1672 erfolgte das Bündniß mit Brandenburg und im August 1673 der Bruch mit Frankreich. Aber auch hier trat wieder die alte Halbheit und Unentschlossenheit zu Tage. Die Antheilnahme des Kaisers an dem Kriege wider Frankreich schadete namentlich in der ersten Zeit der Sache mehr, als sie ihr nützte.

So stellt sich also die österreichische Politik in den Jahren 1668—1673 als eine Reihe von halben und unentschlossenen Maßregeln dar. Sie bilden gleichsam eine Kette, als deren Anfangsglied eben jener berüchtigte Vertrag aus dem Jänner 1668 erscheint. Und in diesem Sinne gilt denn auch hier das Dichterwort: „Das

---

*) „Durch den Vertrag war der Kaiser genöthigt im Widerstreit mit der Wohlfahrt des Reiches und zu großer Gefahr für dessen Unabhängigkeit, eine Neutralität zu bewahren, welche die allerverderblichsten Folgen hatte und Deutschland auf viel Blut, auf viel Volk und Land und auf noch mehr Schmach und Schande zu stehen kam." Müller, S. 14.

ist der Fluch der bösen That, daß sie fortzeugend Böses muß ge=
bären."

1) Mignet I, LX.
2) Paris am 20. April 1668. Wida an Leopold. K. I. A.
3) 17. April 1668. — Mignet II, 630.
4) Wien am 18. Juni 1668. Leopold an Wida.
5) Paris am 20. April 1668. Wida an Leopold.
6) Mignet II, 497.
7) I, 214.
8) Klopp, S. 214.
9) Mignet III, 383.
10) Oeuvres de Louis XIV, S. 65.
11) Mémoire Lisolas an den Kaiser aus dem Februar 1672. Groß=
mann, S. 13.

Vom selben Verfasser sind erschienen:

Der Aufstand der protestantischen Salzarbeiter
und Bauern im Salzkammergute 1601 und 1602.
Linz 1885. Korb. — 80 kr.

Ein Beitrag zur Geschichte des gemeinen Arbeits-
lohnes vom Jahre 1500 bis auf die Gegenwart. Eine
kulturgeschichtliche Studie im Anschluß an die Zimmerleut-
und Maurer-Löhnungen in Oberösterreich. Wien 1885.
A. Pichlers Witwe und Sohn. — 50 kr.
